D1663519

SONDERZAHL

Für Michaela Auner

Alfred Schirlbauer

Ultimatives Wörterbuch der Pädagogik

Diabolische Betrachtungen

SONDERZAHL

Schrift: Baskerville Old Face, Candara
Druck: REMAprint, Wien
ISBN 978 3 85449 370 9

Umschlag von Thomas Kussin
Coverboy: Theo, fotografiert von Helene Ritter

VORWORT

Dieses Wörterbuch ist stilistisch und vor allem von der Geisteshaltung her angelehnt an Ambrose Bierce und den 7. Band seiner Gesammelten Werke ›The Devil's Dictionary‹. Als Erscheinungsdatum wird allgemein 1911 genannt. Insofern ist der Autor des vorliegenden Wörterbuchs ein Jahr zu spät dran, was aber auch seinen Grund darin hat, dass er sich um Jahreszahlen, vor allem Jubiläen nicht sonderlich kümmert. Um dem eben Gesagten auch gleich zu widersprechen:»A.B. wurde 1842 als zehntes von 13 Kindern einer Farmersfamilie in Ohio geboren. Beim Ausbruch des Bürgerkriegs trat er 1861 einem Regiment aus Indiana bei, wurde zweimal verwundet und mehrmals wegen Tapferkeit befördert.« (Gisbert Haefs) Er entschied sich aber per Münzwurf gegen eine Offizierskarriere und wurde Journalist. Solches kann sein Epigone A.S. nicht aufbieten. Er nämlich wurde 1948 als einziges Kind eines Arbeiterehepaares in Niederösterreich geboren, wurde später braver Grundschullehrer und überflüssigerweise auch noch Pädagogikprofessor. Er diente zwar beim Österreichischen Bundesheer, von Tapferkeitsauszeichnungen ist allerdings nicht bekannt. A.B. und A.S. haben also nichts gemeinsam außer einem gewissen Hang zum Kynismus, welcher offensichtlich sowohl im Krieg entstehen kann als auch im Leben eines Pädagogikprofessors. Man kann A.B. auch als einen Vorläufer der Kritik der »political correctness« sehen, aber das waren die antiken Kyniker auch schon. Das Wesen des Kynismus besteht eben im Versuch, Wahrheiten ungeschminkt zum Ausdruck zu bringen, was die meisten Mitmenschen nicht sehr freut.»Ein Zyniker« – so A.B. –»ist ein Lump, der die Dinge der Welt so sieht, wie sie sind, und nicht so, wie sie sein sollen.« Das vorliegende Wörterbuch zitert A. B. an manchen Stellen so nebenbei. Pädagogisch ist aus seinem Werk auch kaum etwas herauszuholen. Übernommen wird vor allem seine Einstellung zu Welt und Mensch, was aber nicht ginge, wenn man sie nicht ohnehin schon hätte. Der pädagogisch interessierte Leser wird gebeten, das, was hier geschrieben steht, nicht als Anleitung zum Handeln zu nehmen. Das kleine Opus stellt auch keine wissenschaftlichen Ansprüche, Wahrheitsansprüche aber schon.

Selbstverständlich ist auch einigen Mitmenschen Dank zu sagen. In erster Linie meiner Gefährtin Michaela Auner, die das Wörterbuch mit Stichworten bereicherte, die mir – aus der Entfernung vom pädagogischen Alltagsgeschäft – nicht eingefallen wären, vor allem aber auch für ihre Hinweise auf gewisse Widersprüche, was den Duktus im Ganzen betraf. Die habe ich aber nur gedanklich berücksichtigt, nicht im Text, weil ich nichts gegen Widersprüche habe. Dann auch Konrad Paul Liessmann, der das Machwerk aus der Entfernung beobachtete und mich nicht mit kritischen Anmerkungen verschonte. Ferner meinem Sohn Jörg, der mir computermäßig behilflich war und leider schon in seinen jungen Jahren einen Hang zum Zynismus zeigt – hoffentlich geht das gut aus! Meine Tochter Teresa hat sowieso Verständnis für alle Verrücktheiten ihres Vaters. Da sie Anglistik studiert, hoffe ich – wahrscheinlich vergeblich – auf eine Diplomarbeit mit dem Thema: »Ambrose Bierce«.

Lexikograph (Subst.), der – Ein schädlicher Zeitgenosse, der unter dem Vorwand, einen bestimmten Entwicklungsstand einer Sprache zu erfassen, tut was er kann, um ihrem Wachstum Einhalt zu gebieten, ihre Flexibilität zu verringern und ihre Methoden zu mechanisieren. Ihr Lexikograph wird nämlich, nachdem er sein Wörterbuch geschrieben hat, als »einer, der Autorität hat« geachtet, wo doch seine Funktion lediglich eine dokumentierende, nicht eine gesetzgebende ist. Der von natürlicher Servilität geprägte menschliche Verstand gibt, indem er den Lexikographen mit richterlicher Gewalt ausstattet, sein Recht auf Vernunft auf und unterwirft sich einem Nachschlagewerk als wäre es ein Kodex.

Ambrose Bierce,
»Des Teufels Wörterbuch«

Ansage (Subst.), die – gemeint ist in diesem pädagogischen Wörterbuch natürlich nicht die gewöhnliche Lautsprecheransage, z. B. im Flughafen, wenn es heißt, dass der Flug OS 1537 für heute gestrichen ist, sondern das Diktat. Ein Diktat findet statt, wenn ein (→) Lehrer/ eine Lehrerin einen Text vorliest, in welchem ein paar orthographische Hürden eingebaut sind, die man zuvor unterrichtlich behandelt hat. »Diktat« kam eine Zeit lang ein bisschen in Misskredit, weil es so diktatorisch klingt. Jetzt darf man es wieder sagen, aber nicht richtig machen. Der Pädagogengeist ist da ziemlich erfinderisch. Jetzt werden Diktate gemacht, die zumindest so ausschauen, als wären sie keine. Z. B. das »Lupendiktat« – sehr beliebt in der Grundschuldidaktik. Lupendiktat heißt das Ding deswegen, weil es ohne Lupe nicht zu bewältigen ist. Jedes Kind hat eine Lupe, und alle laufen gleichzeitig auf eine Wandtafel zu, auf welcher kleine Zettelchen hängen, auf welchen noch kleiner geschriebene Sätzchen stehen, die man ohne Lupe nicht lesen kann. Die Aufgabe besteht also darin, die zwei bis drei Sätzchen mit Lupe zu lesen und dann ins Heft zu schreiben. Das geht verständlicherweise ohne kleinere Tumulte nicht ab: mit der Lupe laufende Kinder, alle auf die selbe Wandtafel zu und wieder zurück. Es soll auch schon Kollisionen gegeben haben. Was es dabei aber kaum gibt, ist ein korrekt geschriebener Satz. Das ganze läuft selbstverständlich unter »fächerübergreifender Unterricht«, weil hier Lesen, Schreiben und Turnen verbunden sind. Die gewöhnliche, also nicht so kreative Variante des Lupendiktats ist das Laufdiktat: praktisch genauso, nur ohne Lupe, dafür größere Zettel.

argumentieren (Verb.) – A. B. macht es sich in seinem Wörterbuch etwas zu leicht. Er meint, Argumentieren wäre nichts anderes, als »etwas mit der Zunge zu begrübeln«, also mit der Zunge nachzudenken. Wir müssen hier etwas genauer sein und unterscheiden daher scharfsinnig zwischen Überzeugen und Überreden. In beiden Fällen geht es aber darum, einen mehr oder weniger harmlosen Mitmenschen dazu zu bringen, dass er meine Auffassung teilt. »Überzeugen« wäre allerdings – so Kant – die redlichere Form, weil hier die objektiven Anteile im Gesagten überwiegen würden. »Überreden« wäre etwas unredlich, weil die subjektiven Interessen des Redenden stärker sind. Weil das nie klar ist, gibt es Diskussionen, in denen so argumentiert wird, dass die (Wort-)Fetzen fliegen. Gelöst wird dieses zwischenmenschliche Problem mit verschiedenen Strategien: durch Beendigung der Sitzung, durch einen halbseidenen Kompromiss, oder durch Einsetzen einer Arbeitsgruppe, manchmal auch durch Beseitigung des Gegners. Wenn der partout meinen Argumenten nichts abgewinnen kann, weil sie seinen Interessen nicht entsprechen und diesen den meinigen schwer entgegenstehen, bleibt einem manchmal nichts anderes übrig. Jedenfalls in der Politik, der Wirtschaft oder auch der Ehe ist das so.

In der Pädagogik läuft das auch so. Da aber die Machtverhältnisse meistens eindeutig sind, geht die Sache doch in Regel zugunsten des Lehrers oder auch des Vaters aus. Der widerspenstige Schüler wird beseitigt durch Nicht-Versetzen. Das widerspenstige Kind kriegt eine hinter die Löffel.

Die allüblichen Talkshows sind allerdings anderer Natur. Die Argumente kommen hier zumeist spielerisch daher. Kaum einer der Beteiligten will die anderen wirklich überzeugen oder auch nur überreden, sondern eigentlich nur sich selbst präsentieren. Das Argumentationsspiel dient der Unterhaltung des TV-Publikums und nicht der Durchsetzung von Interessen. Daher sind sie meist langweilig.

Autonomie (Subst.), die – wörtlich übersetzt vom Griechischen ins Deutsche heißt das »Selbstgesetzgebung«. Hat praktisch noch nie stattgefunden. Die griechischen Stadtstaaten waren zwar autonom, aber nur im Verhältnis zu den anderen. Innerhalb der Stadtstaaten gab es natürlich keine Autonomie, sondern eher strenge Abhängigkeiten. Vor allem die vielen Sklaven hatten wenig Autonomie. Und die sogenannten autonomen Bürger mussten sich auch mit den anderen dieser Kaste irgendwie arrangieren. Wirklich autonom war vielleicht einmal ein Neandertaler, der sich verirrt hatte. Seine Autonomie dürfte aber stark eingeschränkt gewesen sein durch seine Triebstruktur. Was blieb ihm schon anderes übrig, als sich auf seinem Irrweg autonom zu verhalten, wenn kein anderer da war, der ihm hätte sagen können, was zu tun günstig wäre.
Die heutigen autonomen (→) Universitäten dürfen ganz autonom machen, wozu man ihnen die Mittel gibt. Die autonomisierten Schulen machen auch ganz autonom, was ihnen (→) PISA vorschlägt. Der autonome Beamte tut also autonom, was ihm die Vorschriften sagen. Autonomie ist eine Art Abweichung vom Vorgeschriebenen, was dem Betreffenden aber nicht gut bekommt. »Autonomie« wäre – der Wirklichkeit entsprechend – zu übersetzen in selbstständiges Tun dessen, was einem andere befehlen. Beim Militär heißt dieses Ding »Auftrags-

taktik«. Ein Trupp – von sagen wir einmal Amerikanern – soll ein Taliban-Lager zerstören. Das ist der Auftrag. Wie sie das machen, ist zunächst einmal egal. Wenn dabei aber Zivilisten (Wer ist das?) zu Tode kommen, dann kommt das Kriegsgericht. Wenn du also autonom tust, was du sollst, kann man dir hinterher immer noch eins ans Zeug flicken. Wenn du es nicht tust, dann sowieso.

Autorität (Subst.), die – deutsche Version von »auctoritas« (lat.). Ein Auctor (Autor) war einer, der etwas hervorgebracht hatte: z. B. ein Buch, eine Statue oder sonst etwas irgendwie Unerhörtes und bisher nie Gesehenes. Von Studenten meist mit »th« geschrieben (Authorität), weil sie ja besser Englisch (authority) können als der Autor dieses Wörterbuchs. Latein ist ihnen eher fremd. Der Autor, die Autorität, haben im Grunde nichts mit Macht zu tun. Sie kann ihnen allerdings zuwachsen, wenn sie Anerkennung finden. Manchmal irren sich die Menschen dabei allerdings, und es werden Wahnsinnige als Autoritäten anerkannt. Autorität ist also ein Modus der Anerkennung.
Lehrer könnten als Autoritäten auftreten, wenn sie etwas könnten: Eine Sache z. B. gut (→) erklären oder etwas Bemerkenswertes (→) zeigen. Etwas heruntergekommen ist die Idee der Autorität durch die sogenannte Amtsautorität: jemand steht eine Stufe höher in der Hierarchie, hat das Sagen, aber ist ein Trottel und sowieso sozial inkompetent. Diese zivilisationsgeschichtliche Angelegenheit hat dazu geführt, dass die Idee der Autorität insgesamt in Misskredit geraten ist und daher die Lenkung des gesellschaftlichen Betriebs durch Autori-

täten nicht mehr richtig funktioniert. Deshalb hat man die Form der Lenkung durch personale Autoritäten ersetzt: durch betriebswirtschaftliche Steuerungsmechanismen. Die Inputsteuerung durch Erlässe, Vorschriften etc. funktioniert nicht mehr so gut, daher setzt man auf Outputsteuerung. Wenn der Output nicht stimmt, werden einfach die Mittel gekürzt. Über Geld lässt sich bekanntlich alles steuern, weil die meisten es haben wollen. Autoritäten sind heute diejenigen, die über die Mittel verfügen, die andere brauchen. Eine besondere Anerkennung ist damit allerdings nicht verbunden. Anerkennung wird ersetzt durch finanzielle Abhängigkeit – und damit Autorität durch Macht.

Belohnung (Subst.), die – so wie (→) Strafe, nur umgekehrt. Begrifflich gesehen eine absichtlich zugefügte Wohltat für außerordentliches Wohlverhalten. Bei gewöhnlichem Wohlverhalten gibt es nichts außer der üblichen Billigung. Bei Bankern heißen die Belohnungen »Boni«, obwohl die gar nicht Latein können. Das ist denen aber nicht bewusst, sie nehmen sie trotzdem. Wofür, weiß niemand. Es steht einfach im Vertrag. Banker sind die einzige Gruppe, bei denen gewöhnliches ruinöses Wohlverhalten noch extra honoriert wird.
In der Erziehung ist das anders, oder doch genauso. Die Tochter, die die Maturaprüfung an einer Handelsakademie oder an einer HBLA bestanden hat, obwohl man dort eh nicht durchfallen kann, bekommen einen Kleinwagen, der auch so heißt – nämlich Mini – und kurvt damit von Disco zu Disco. Damit die Belohnung auch so wirkt wie sie soll, muss sie vorher in Aussicht gestellt werden. Manchmal gibt es den Mini trotzdem

– also trotz Durchfallen (obwohl eigentlich unmöglich), weil sonst die Kleine mit Liebesentzug reagiert. Nicht zu verwechseln ist die Belohnung mit dem Lohn, also dem Entgelt für geleistete Arbeit. Das ist praktisch das, was einem zusteht und was nötig ist zum weiteren Dasein und zu weiteren treuen Diensten. Bekäme der Arbeiter keinen Lohn, könnte er wegen Verhungerns nicht mehr arbeiten. Der Lohn ist also so etwas wie das Benzin für's Auto. Ohne Benzin fährt es nicht. Der Lohn wird also entrichtet für gewöhnliches Wohlverhalten und kommt in der Regel auch automatisch. Die Belohnung sollte also nur für außerordentliches Wohlverhalten als außerordentliche Gratifikation erteilt werden, was aber viele Eltern nicht wissen. Weil es die Eltern nicht wissen, weiß es der Nachwuchs schon gar nicht, wodurch die Erziehung etwas ins Rutschen kommt.

Beratung (Subst.), die – es gibt Politikberatung, Studienberatung, Schullaufbahn- und Berufsberatung, es gibt Partnerberatung, Eheberatung, Erziehungsberatung, Einrichtungsberatung, Ernährungsberatung, Fitnessberatung u. s. w. Es gibt auch Beratungsberatung, weil auch die Berater manchmal ratlos sind. Letzteres nennt man aber Supervision. Der Berater erteilt keine Rat-Schläge, sondern bemüht sich, die Probleme des Ratsuchenden zu verstehen und Möglichkeiten aufzuzeigen. Entscheiden muss der zu Beratende selber. Das vermittelt dem zu Beratenden das Gefühl der Selbstständigkeit, und der Berater ist quasi »aus dem Wasser«. Beschwerden sind dann sinnlos. Das gilt aber nur im Großen und Ganzen. In der Politikberatung z. B. wird dem Politiker schon deutlich gesagt, dass er bei einem Interview nichts

Deutliches sagen soll, sonst könnte er später daran erinnert werden. Und die Supernanny sagt auch ziemlich deutlich, was jetzt zu tun wäre. Beratung ist ein ausuferndes Gewerbe geworden. Vielleicht weil die Welt so kompliziert geworden ist und sich die Leute nicht mehr auskennen? Oder weil es die Beratung einfach gibt und deswegen gekauft wird?

Betragen (Subst.), das – ziemlich altmodischer Begriff, wie Benehmen. Seit der Mensch eingesehen hat, dass er auch nur ein Tier ist, wurde die Betragensnote durch die Verhaltensnote ersetzt. Die sogenannte Verhaltensforschung hat uns das eingebrockt. Menschen betragen und benehmen sich also nicht mehr, sondern verhalten sich. Für nichtverhaltenes »Verhalten« kriegt der Schüler dann eine schlechte Verhaltensnote. Zeigt er verhaltenes Verhalten, kriegt er eine gute Verhaltensnote. Seitdem macht sich eine gewisse Verhaltenheit breit, welche aber keinesfalls mit dem alten Betragen gleichgesetzt werden kann. Man kann sich auf verhaltene Art verhalten, aber trotzdem schlecht benehmen.

Zum angestrebten verhaltenen Verhalten gehört auch, dass man bei jeder Meinungsäußerung eine bestimmte Floskel voransetzt, z. B.: »Meiner Meinung nach, aber ich kann mich hier auch irren, ist dieses oder jenes so und so ...«. Oder: »Ich für mich sehe das so und so ...«.

Bildung (Subst.), die – das, was möglichst alle erreichen sollten, aber in Wirklichkeit nur wenigen zuteil wird. Der Begriff der Bildung dient der Unterscheidung von Gebildeten und Ungebildeten. Die sogenannten Halbgebildeten sind nach reiflichen Überlegungen eines gewissen Th. W. Adorno nicht diejenigen, die dieses Ziel nur zur Hälfte erreicht hätten, sondern diejenigen, die es überhaupt verfehlt hätten – durch Anstrebung. Damit hat er auch Recht. Denn wenn man etwas anstrebt, was man nicht kennt, kann man leicht das Ziel verfehlen. Der sich bilden wollende Mensch ähnelt in gewisser Hinsicht dem Mann von La Mancha. Er kämpft einen vergeblichen Kampf. Daneben ist die Figur des Sancho gerade von außerordentlicher Bildung, weil er um die Begrenztheit unserer Denk- und Seinsmöglichkeiten weiß: skeptischer Pragmatiker. In jüngster Zeit hat die Bildung etwas von ihrer metaphysischen Aura verloren. Das ist einerseits gut so, weil uns das Metaphysische nie so richtig gut getan hat, andererseits aber schlecht, weil nun jeder noch so dämliche Kurs als Bildungsveranstaltung verkauft werden kann. Nach W. von Humboldt (das ist der, der den Chimborasso nicht bestiegen und vermessen hat, sondern sich stattdessen in der gepflegten Atmosphäre der diplomatischen und literarischen Salons bewegt hat) ist Bildung »die harmonische Entfaltung der Kräfte des Menschen zu einem proportionierlichen Ganzen«. Damit ist er berühmt geworden. Nach Goethe aber ist die Bildung eine Ansammlung von »Narrenpossen«. Dem Geheimrat nach käme es eher darauf an, dass jemand etwas vorzüglich verstünde und damit der Menschheit nützlich wäre. Beide zweifellos gebildete Menschen. Zwischen diesen Polen haben wir uns aufzuhalten und tun es auch mit einem unangenehmen Kopfgefühl.

Bildungspolitiker (Substantivum irregularis), der – die – das ... – Bildungspolitiker wird man dann, wenn man von der Sache, von der kaum einer etwas versteht, absolut nichts versteht. Bildungsminister/in wird man z. B. in Österreich, wenn man vorher Handarbeitslehrerin war, das schwäbisch angehauchte Vorarlbergerisch mit Deutsch verwechselt (die Fremdwörter sowieso), oder wenn man vorher eine Bank in den Ruin begleitet hat.

Die Bildungspolitikerin heute ist grundsätzlich »offen« für alles und lässt daher in Permanenz Arbeitsgruppen einsetzen, die etwas ausarbeiten sollen, wovon weder sie selbst noch die Arbeitsgruppen etwas verstehen. Die Schulen müssen leistungsfreudiger werden, weil ja der nächste PISA-Test schon vor der Tür steht, gleichzeitig darf aber kein Kind überfordert werden. Bildungspolitiker ist quasi der Idealjob für jemanden, der nichts Genaues weiß oder kann, praktisch der Idealjob des Autors dieses Wörterbuches. Gefordert ist eine gewisse Beredsamkeit, welche die besagte Handarbeitslehrerin nicht hatte, ein auf seriös getrimmtes Auftreten und selbstverständlich Umgangsformen, die den Sektionschefs und Ministerialräten das Gefühl geben, dass sie wichtig wären. Ein Interesse für Bildungstheorie ist nicht erforderlich, eher abträglich. Der »Bildungsforschung« bedient man sich als Argumentationshilfe. Deshalb beauftragt man damit auch diejenigen, die versprechen können, dass sie diejenigen Daten liefern können, von deren Zustandekommen man auch nichts versteht.

Interessant wäre eine Untersuchung, zur PISAtesttauglichkeit der Bildungspolitiker. Der Autor dieses Wörterbuchs hat sich daran versucht, ist aber auch gescheitert, womit er sich nochmals ausdrücklich als Nachfolger der derzeit amtierenden Ministerin empfiehlt.

Bildungstheoretiker/Bildungsforscher (Subst.), der – die Bildungstheorie ist ein mittelmäßig einträglicher Berufszweig für gescheite Leute, die zwar nie ein (→) Kind zu Gesicht bekommen haben, aber deswegen genau darüber nachdenken, was aus Kindern werden sollte. Der Bildungstheoretiker ist äußerst scharfsinnig, was das Entwerfen von Idealbildern des Menschengeschlechts betrifft und begibt sich damit auf ziemlich schwankenden Boden. Zumeist nimmt er dabei Anleihen bei verblichenen Bildungstheoretikern. Meistens interpretiert er also, und zwar die Heroen des Bildungsdenkens, fängt mit Sokrates und Platon an und endet dann bei Humboldt, Kant, Hegel und Schleiermacher. Dass der Letztere seinen Namen zu Recht trägt, bemerkt er nicht. Der Bildungstheoretiker wirft nur einen ungefähren Blick auf die Bildungswirklichkeit. Und muss sich daher von den sogenannten Bildungsforschern sagen lassen, dass viele Schulbildungsabsolventen nicht einmal lesen und schreiben können. Da ist er dann oftmals gekränkt und verfällt in einen tiefen Kulturpessimismus, woraus sich wieder beachtliche Bücher und Zeitschriftenartikel ergeben, die an dieser Tatsache aber auch nichts ändern. Der Bildungsforscher ist aus einem anderen Holze geschnitzt, kümmert sich nicht um die Ideen der Bildungsheroen, will aber wissen, ob die Finnen besser lesen können als die Deutschen. Sein Spezialgebiet sind die Tests. Er testet praktisch alles: Leseverständnis, Problemlösekompetenz in Mathe, Naturwissenschaft, u. s. w., und er vergleicht alle diese auf geheimnisvolle Art zustandegekommenen Daten aus verschiedenen Ländern. Er ist versessen auf (→) Rankings und Ranglisten im Bildungswesen, während der Bildungstheoretiker abends eher das Championsleaguespiel »Real gegen Arsenal«

anschaut. Bildungsforschung ist ein einträglicher Beruf, weil hier Zahlen, Daten, Fakten produziert werden, welche zwar mit der Wirklichkeit wenig zu tun haben, was aber der Bildungspolitiker nicht weiß.

Buchwissen, das – nach A. B. ein »abwertender Begriff, den der Dummkopf für jedes Wissen prägt, das über seine eigene ungestrafte Ignoranz hinausgeht«. Praktisch also jedes Wissen, von dem ich selber keine Ahnung habe. Der davon weiß, hat es sich ja nur »angelesen«. Lesen wird dabei als gedankenlose Tätigkeit vorgestellt, wobei gedankenvolle Tätigkeit immer als »Erfahrung« bezeichnet wird. Der Nichtleser beruft sich also, wenn überhaupt auf etwas, auf Erfahrung. Der Leser beruft sich auf Literatur. Die beiden dürften sich also nicht viel zu sagen haben.

Chancengleichheit (Subst.), die – Schlachtruf, der aber, wie das Wort schon sagt, nicht Gleichheit will, sondern nur gleiche Chancen. Geboren wurde dieser Begriff vermutlich in der Welt des Sports, weil es ja nicht lustig ist, einem 100-Meter-Lauf zuzuschauen, bei dem einige etwas früher starten können. Der Autor dieses Lexikons müsste z. B. bei einem derartigen Bewerb bei der 40m-Marke starten dürfen, um gegen Usain Bolt nur knapp zu verlieren. Weiße 100-Meter-Läufer sind z. B. chancenlos gegen die schwarzen: Klarer Fall von (→) Diskriminierung. In den Vorläufen sind noch einige dabei. »Aber bis der erste Weiße im Ziel ist, hat Bolt schon geduscht.« (Rolf Miller).
Im Fußball ist es ähnlich: Spanien gegen Österreich 9:0,

also praktisch chancenlos. So etwas darf in einer demokratischen EU eigentlich nicht sein, ist aber so. Mit der Chancengleichheit im Bildungswesen verhält es sich genauso. Da gibt es immer irgendwelche Kinder, die schon lesen können, wenn sie in die Schule kommen und viele andere, die es nicht können. Das dürfte mit dem Elternhaus zusammenhängen. In einem Elternhaus ist das Lesen eine normale Beschäftigung, in einem anderen gilt das eher als anormal. Das führt dann zu Verzerrungen in der Bildungsstatistik, u. a. auch dazu, dass Kinder aus »bildungsfernen Schichten« an der Universität unterrepräsentiert sind. Also: Wo »Bildung« nichts bedeutet, bedeutet sie auch nichts.

Das Forschungsergebnis, dass Kinder aus bildungsfernen Schichten an den Hochschulen unterrepräsentiert sind, dürfte auch damit zusammenhängen, dass »Bildungsferne« ja auch dadurch definiert ist, ob jemand Matura und/oder Uni-Abschluss hat.

Der Argumentationsgang bei der Sache der Chancengleichheit ist also so, als würde man sagen, dass Leute, die weniger verdienen, in der Einkommensstatistik immer noch eher unten sind.

Charakter (Subst.), der – zu teuer, kann man sich heutzutage nicht mehr leisten. Der Charakter hat so etwas Feststehendes, fast in Stein Gehauenes und ist somit das Gegenteil der vielgepriesenen Flexibilität. Eigentlich ist er völlig out. Wer heute noch Charakter hat, ist in gewisser Hinsicht auch unkommunikativ, lässt sich weder überreden noch bestechen (was eigentlich auf dasselbe hinausläuft). Das ist zwar einerseits schade, aber andererseits muss man sagen, dass Charaktere ein bisschen trottelhaft sind, weil sie sich permanent selber schaden. »Hier stehe ich, ich kann nicht anders.« Sagte noch Martin Luther. Heute sagen wir, wenn wir überhaupt etwas sagen, eher: »Hier stehe ich zwar, aber ich kann auch ganz anders. Zahle! Und ich wechsle meine Weltanschauung, eine fixe habe ich sowieso noch nie gehabt.« Hier muss man ganz ehrlich sagen: Charakter schadet, nämlich den Charakterhaften. Flexibilität hingegen nützt. Der flexible Mensch hat vor allem eines nicht: nämlich ein Rückgrat. Er ähnelt dem Wurm. Der moderne Mensch wird immer wurmhafter. Man kann ihm auch ein Stücklein abschneiden, er lebt weiter. Insofern hat der Verlust bzw. das Verschwinden des Charakters auch etwas Positives. Verschiedene Charaktere würden einander bekämpfen. Würmer biegen sich nur.

Dialog (Subst.), der – der griechische Philosoph Platon dürfte ihn erfunden haben, als er die Gespräche seines Lehrers Sokrates mit irgendwelchen adretten Leuten Athens (500 v. Chr.) nachgezeichnet und wohl auch ein bisschen verfremdet hat. Manche Zeitgenossen verstehen unter Dialog ein sogenanntes »Zwiegespräch«, was aber nicht ganz richtig sein dürfte, weil man zwar »logos« schon mit Gespräch übersetzen kann, aber bekanntlich auch mit Rede, Meinung, Wahrheit und anderen windigen Dingen. »Dia« heißt aber sicher nicht »zwei« oder »zwie«, sondern eher »zwischen«, wie bei Diagnostik (dazwischen hineinschauen, auf Englisch auch »Interview«), Dialyse, Dianoia, Diapositiv etc.; das bedeutet nach Auffassung (logos) des Lexikographen, dass nicht jedes Gespräch ein Dialog ist. Ein Verkaufsgespräch zwischen einem Gebrauchtwarenhändler und einem Kunden ist sicher kein Dialog, auch wenn die Redezeiten gleich verteilt sind. Ein Beziehungsanbahnungsgespräch zwischen zwei jungen Leuten – eingebettet in sexuelles Appetenzverhalten – auch nicht. Denn hier wird gelogen, dass sich die Balken biegen. Ähnlich dürfte es sich bei Anbahnungsgesprächen zwischen verschiedenen politischen Parteien verhalten. Da ist zwar keine Erotik dabei, das Bestreben, den anderen über den Tisch zu ziehen, aber schon. Der Dialog im Sinne Platons ist eine Art Idee bzw. Ideal, wonach sich Gesprächspartner um den logos (im Sinne von Wahrheit) bemühen. Im schulpädagogischen Zusammenhang daher selten anzutreffen, weil sich der Lehrer nicht bemüht, die Wahrheit herauszufinden, sondern sich eher darauf konzentriert, das, was er für diese hält, dem Schüler glaubhaft zu machen. Das muss man ihm auch gar nicht vorwerfen, sondern das ist eigentlich sein Job. Heutige Lehrer vergessen auf dieses elementare Prinzip gerne und lassen ebenso gerne fünf gerade sein, weil sich ja jeder junge Mensch seine Wirklichkeit selber konstruiert, wobei man ihm dann irgendwie behilflich ist. (→ Konstruktivist)

Diskriminierung (Subst.), die – Substantivbildung von diskriminieren, was soviel wie »unterscheiden« heißt: der Ursprung des Denkens. Ohne Unterscheidung kein Denken. Wer nicht unterscheidet, für den ist alles gleich. Schon unsere Vorfahren haben unterschieden: essbar – nicht essbar, gefahrlos – gefährlich, Raubtier – Tier, das man rauben kann. Wir unterscheiden auch: Freund – Feind, schön – hässlich, teuer – billig, wahr – falsch. Die Reihe dieser Gegensatzpaare ist unendlich: endlich – unendlich. Wenn wir nicht unterscheiden würden, käme nicht einmal eine brauchbare Basketballmannschaft zustande (groß – klein). Beim Fußball hat Österreich allerdings wenig Unterscheidungsmöglichkeiten – das ist das Problem des Teamchefs. Man kann auch zwischen Schwarzen und Weißen unterscheiden. Die Schwarzen machen das ohne Probleme. Die nennen die Weißen einfach »die Weißen« und müssen sich deswegen nicht der Verletzung der Gleichheitsregel zeihen lassen. Der Autor dieses Wörterbuches findet »Diskriminierung« cool, sonst wüsste er gar nicht, was er will, erfreut sich an Unterschieden, vor allem an dem berühmten »kleinen Unterschied«. Wenn er den nicht kennen würde – eine Katastrophe. Das ist aber nur die erkenntnistheoretische Seite der Angelegenheit. Problematisch wird sie ja nur, wenn man aus diesen erkannten Unterschieden wirkliche, d. h. rechtliche Unterschiede macht. In der Pädagogik geht es auch immer um Unterscheidungen, z. B. »darf aufsteigen oder muss sitzen bleiben«, kann einen Aufsatz schreiben oder kann nicht, kriegt ein Maturazeugnis oder nicht, kriegt einen Doktortitel oder nicht u. s. w.; das ist nicht schön, aber hart und eigentlich auch unvermeidlich, weil wir zum Beispiel keine Ärzte wollen, welche den Blinddarm mit der Prostata verwechseln, weil sie nicht unterscheiden können. Die Aufgabe von Pädagogen ist es nicht zuletzt, unterscheiden zu können, ob jemand unterscheiden kann oder nicht. Wir unterscheiden Unterscheidungsfähigkeit von Nichtunterscheidungsfähigkeit, Klugheit von Dummheit, hohe Intelligenz von niedriger. Ein ganzer Wissenschaftskomplex hat sich daraus entwickelt: die Differentielle Psychologie. Die unterscheidet hier sehr genau, nämlich nicht nach gescheit und blöd, sondern skaliert das ganze von z. B. IQ 80 bis IQ 140. 100 ist angeblich (→) normal, weil die meisten einen IQ von 100 haben, was aber kein Zufall ist, sondern daran liegt, dass man den Test so geeicht hat. Insgesamt ist es also ziemlich diskriminierend, wenn man den Begriff der Diskriminierung so diskriminiert.

Eltern (Subst., Pl.), die (Subst. Pl.) – seltsamer Beruf – oft auch Berufung genannt, der zu den anstrengendsten zählt, die das Menschengeschlecht je hervorgebracht hat. Einer der wenigen Berufe, die gar keine Entlohnung bringen. Dafür aber ist dieser Beruf mit besonderer Verantwortung beladen, die man praktisch nie los wird. Die Verantwortung der Eltern – so schrieb schon der berühmte Kant – läge darin begründet, dass erwachsene Menschen ein Wesen in die Welt gesetzt hätten, ohne es vorher zu fragen, ob es das auch wolle. Man kann diesen Beruf ausüben, solange es den Kindern gefällt, genau genommen bis an das Ende seiner Tage. Die mit der elterlichen Aufgabe verbundene pädagogische Einflussnahme endet zwar mit ungefähr dem 15. Lebensjahr des neuen Wesens, die finanzielle Zuflußnahme aber erst mit Ableben der Eltern. Einen kleinen Teil der elterlichen Verantwortung übernimmt hierzulande der Staat, indem er Unterrichtspflicht eingeführt hat und die Schule quasi gratis zur Verfügung stellt, was aber nicht ganz stimmen dürfte. Denn woher hat der Staat das Geld für die Schule, wenn nicht von den Eltern? Ob kinderlose Erwachsene auch zahlen sollen, muss erst diskutiert werden.

Emanzipation (Subst.), die – bei den alten Römern die förmlich-feierliche Entlassung des jungen Mannes aus der väterlichen Vormundschaft, dann später auch die Entlassung der Juden aus der Vorherrschaft der Stammbevölkerung. Uns vor allem bekannt als Frauenemanzipation, was den Frauen allerdings auch nicht besonders gut getan hat. Jetzt dürfen sie nämlich ganz emanzipiert an der Kassa von Billa, Merkur und Spar sitzen und am Abend trotzdem putzen. Später wurde sogar die Pädagogik emanzipatorisch. Sie proklamierte etwas, was im Generationenwechsel sowieso unvermeidlich ist, nämlich die Entlassung der Jugend aus der Vormundschaft der (→) Eltern. Hauptsächlich wurden dabei die Väter genannt, obwohl die Dominanz der Mütter blieb, schon wegen der Küche und der allumfassenden Toleranz gegenüber allen jugendlichen Torheiten.

Bei A. B. ist die Emanzipation der »Übergang eines Leibeigenen aus fremder Tyrannei in eigene Despotie«. Das ist das Problem mit der Selbstbestimmung: Jetzt muss man sich nämlich selbst bestimmen und weiß nicht, wie. Wirklich selbstbestimmungsfähig müsste man sich ja die Frage stellen: »Was mache ich jetzt?«

Gott sei Dank gibt es aber die sogenannten Sachzwänge. Sie ersetzen die Anordnungen der Autoritäten perfekt. Du kannst dem Wehrdienst zwar ausweichen, aber dann bist du Altenbetreuer in einem Siechenheim. Du bist in bestimmter Weise qualifiziert oder unqualifiziert und nimmst den Job, der sich bietet, wenn sich einer bietet. Du bist mittelgroß, mittelhässlich, hast kein Geld und nimmst die Frau, die zu dir passt.

Empathie (Subst.), die – pädagogisches Modevokabel seit Erfindung der »Humanistischen Psychologie«, bedeutet nicht viel mehr als Einfühlung. Analog dazu gibt es die Sympathie (mitfühlen und das Gleiche für schön und akzeptabel halten). Antipathie entsteht dadurch, dass jemand etwas für schön und gut hält, der andere aber für häßlich und schlecht. Sympathie ist also unter anderem auch der Grund für die Bildung sexueller Partnerschaften, also wenn sich die Beteiligten wechselseitig für akzeptabel halten. Führt mitunter sogar zu Eheschließungen. Antipathie verhindert das von vornherein, es sei denn höhere Mächte möchten das trotzdem. Empathie hingegen ist die seltsame Begabung von Menschen, sich in andere Exemplare ihrer Gattung einfühlen zu können, ohne Sympathie zu empfinden. Man kann verstehen, wie der andere fühlt, ohne deswegen sofort Sympathie zu haben. Empathie ist also mehr eine Technik, andere zu durchschauen, ohne ihr Leid oder ihre Freud mit ihnen zu teilen. Ist ganz wichtig bei Behandlungen, die unter dem hochtrabenden Titel Psychotherapie laufen. Seit einigen Jahrzehnten auch in der Pädagogik hochaktuell und führt angeblich auch zu harmonischen Erziehungsverhältnissen. Schüler z. B. fühlen sich verstanden, der Lehrer fühlt sich so, als hätte er sie verstanden: ein wechselseitiges Selbstbetrugsverhältnis, welches die alte Einsicht »individuum est ineffabile« nicht zur Kenntnis nimmt.

erklären (Verb.) – jemandem eine Sache so darstellen, dass er sie so sieht, wie ich meine, dass man sie sehen sollte – kurzum; dass er sie so sieht wie ich. Andere Sichtweisen sind erwünscht, da man ansonsten die fünfzig Minuten, die für eine Unterrichtsstunde zur Verfügung stehen, nicht füllen könnte.

Eros, pädagogischer (Subst.), der – quasi die kastrierte Form der eigentlichen Erotik. Der pädagogische Erotiker liebt zwar Kinder, aber so, wie man kleine Hunde liebt. Der große Pädagoge Hermann Nohl sagte einmal, Erziehung wäre das leidenschaftliche Verhältnis eines Erwachsenen zu einem Heranwachsenden, auf dass dieser zu seinem Selbst käme. Bei den alten Griechen hingegen hatte der pädagogische Eros noch durchaus eine sexuelle Komponente, weil sie nämlich den Sexus vom Eros noch nicht abgespalten hatten. Gleichzeitig muss aber auch fairerweise gesagt werden, dass die berühmten alten griechischen Philosophen-Lehrer keine Kinderschänder waren. Denn sittlich statthaft war ein erotisches Verhältnis zu einem Jüngling nur während der knappen Phase zwischen Eintreten der Geschlechtsreife und aufkeimendem Bartwuchs. Verbunden war dieses Verhältnis mit einer Bildungsaufgabe. Man könnte auch sagen, dass der Pädagoge sich durch das Vergnügen mit einem Jüngling auch eine Verantwortung aufgehalst hatte, die oftmals nicht eingelöst werden konnte: siehe Seneca und Nero, Aristoteles und Alexander, Sokrates und Alkibiades u. s. w.

Pädagogen sagen üblicherweise, dass man das Kind nicht liebt, weil es so ist, wie es ist. Denn dann sollte es ja auch so bleiben, wie es ist. Der Pädagoge – so heißt es meistens – liebt im Kinde das, was aus ihm werden kann / soll. Er liebt es also und gleichzeitig nicht. Denn sie sollen ja erwachsen werden, so wie wir, und weiterhin bei uns bleiben können. Sonst müsste man sie exportieren. Meine Pädagogikstudentinnen und -studenten weise ich, wenn sie als Studienmotivation vorgeben, sie würden gerne mit Kindern arbeiten, meistens darauf hin, dass sie das öffentlich besser nicht sagen sollten. Gleichzeitig arbeite ich aber schon auch gerne mit jungen Studentinnen und Studenten, wenn sie ein interessantes Diplomarbeitsthema haben und auch sonst interessant sind.

Man kann den Eros aus der Pädagogik nicht entfernen, sonst müsste man die Heranwachsenden als Lernmaschinen oder dressierbare Hunde behandeln. Dass es da Übergriffe gibt, liegt auf der Hand. Daher ist das pädagogische Geschäft ein ziemlicher Grenzgang.

Erwartung (Subst.), die – nach A.B.»Zustand oder Befindlichkeit des Geistes; hierbei bildet Hoffnung die Vorhut, Verzweiflung die Nachhut in der Prozession menschlicher Gefühle.« Seit rund 30 Jahren und der damals erstarkenden Psychologie spricht heute niemand mehr von Erwartung, sondern von »Erwartungshaltung«, was aber am Sachverhalt wenig ändert, weil ja Erwartungen von dementsprechenden Haltungen nicht zu trennen sind. Eine Erwartungshaltung ohne Erwartung wäre ja keine. Erwartungshaltungen sind angeblich testbar, Erwartungen nicht.
Der Altmeister der Erwartungshaltung war angeblich ein gewisser Professor Higgins, der sich erwartete (auch haltungsmäßig), dass aus der Schlampe Eliza eine vornehme Dame der Gesellschaft werden könnte – was ihm in dieser Schmierenkomödie auch gelungen ist. Findige Psychologen konnten diese von G.B. Shaw aufgestellte These angeblich auch empirisch beweisen. Sie nannten das den Pygmalion-Effekt. Das Ganze ist seither fixer Bestandteil der Lehrerausbildung. Die positive Erwartungshaltung wird auch in Lehrerverhaltenstrainings eingeübt. Grimmige Gesichter sind seither verboten. Man erwartet sich von einem gewinnenden Lächeln und

einem völlig unbegründeten Zutrauen in die Leistungsfähigkeit von Schülern auch eine tatsächliche Leistungssteigerung, welche aber meiner Erfahrung nach nur bei solchen eintritt, die eine solche auch anstreben.

erzählen (Verb.) – hier geht es nicht wie beim (→) Erklären um eine direkte Sache, sondern eher um einen Hergang oder den Verlauf eines Ereignisses, welches zumeist von Menschen in Gang gesetzt wurde – mehr oder weniger absichtlich. Zumeist werden Geschichten, Märchen, Witze oder die Geschichte erzählt. Diese Dinge werden am besten so erzählt, dass die anderen dann glauben, sie hätten sich auch wirklich so zugetragen. Z. B. Hannibal hätte mit 37 Elefanten von Tunesien aus über Spanien die südlichen Alpen überquert und wäre dann – wie man so schön sagt –»ante portas« gestanden.

Erziehung, antiautoritäre (Subst.), die – so wie Erziehung, nur nicht viel anders. Man lässt die Kinder und Jugendlichen gewähren, bis einem der Geduldsfaden reißt. Das ist bei manchen (→) Eltern früher, bei manchen später der Fall. Im Grunde geht es aber immer um die Frage, wie viel Unverschämtheit vertrage ich? Der Autor dieses Wörterbuchs musste einmal mit einem Vertreter dieser Richtung darüber diskutieren. Es handelte sich um die Extremvariante der antiautoritären Pädagogik, nämlich die Antipädagogik. Kinder bräuchten gar keine Erziehung, sie wüssten schon selber, was für sie gut wäre. Da stimmte ich auch zu, fragte aber nach, ob sie auch wüssten, was für uns Eltern gut wäre, und was er machen würde, wenn sein Kleiner mit dem Legohammer auf die 5000 Mark teure B&O-Anlage hämmerte. Darauf er:»Erziehung braucht man nicht, aber es gibt ein Recht der Eltern auf Notwehr.« Die Diskussion wurde etwas fade, denn auch hier musste ich ihm zustimmen, nur mit dem Zusatz:»Was Sie Notwehr nennen, nenne ich Erziehung.«

Erziehung, interkulturelle (Subst.), die – braucht man, wenn zwei oder mehrere Kulturen in einer Kultur zusammenstoßen. Dann nämlich sind die Regeln der sogenannten Stammkultur zumindest in Frage gestellt. Man kann dann nicht mehr so drauflos erziehen, wie man es kulturell gewöhnt ist, weil die neuen und anderen Kinder anderes gewöhnt sind. Die Erziehung, die ja hauptsächlich auf die Ausbildung von Gewohnheiten ausgerichtet ist, muss sich dann praktisch»zwischen« (inter) diesen Kulturen bewegen und wird unsicher. Der Erzieher kriegt dann Zweifel, was für einen Erzieher ganz schlecht ist. Die Festigkeit seiner Überzeugungen schwindet. Könnte ja sein, dass an der patriarchalischen Kultur der Türken doch etwas dran ist, fragt er sich, wenn er männlich ist. Die weiblichen Erzieher – und das ist die Mehrheit – fragen sich: Was mache ich mit einem aufbrausenden türkischen Vater am Sprechtag, der meine Autorität nicht anerkennt, weil er die seiner Frau noch nie wahrgenommen hat, obwohl es diese wahrscheinlich gibt. Speziell in der Grundschule tun sich dann Probleme ungeahnten Ausmaßes auf. Was ist jetzt mit dem Osterhasen? Was ist mit dem heiligen Geist zu Pfingsten, der ja immerhin die Pfingstferien legitimiert? Was ist vor allem mit Weihnachten, womit der kleine Türke ja so gar nichts anfangen kann? Bei Ramadan hat er kleines Recht darauf, unausgeschlafen zu sein, weil er ja erst nach Mitternacht gegessen hat. Da tun sich Dinge auf,»die man sich auf der Zunge erst vorstellen muss« (Rolf Miller). Schwimmunterricht mit den kopftuchtragenden Türkinnen wird problematisch, beim Schikurs geht's vielleicht. Nur beim Fußball gibt es eher weniger Probleme. Die Türken spielen besser. Ein Türke, der für Österreich Tore schießt, und sich nicht direkt von Ö distanziert, ist akzeptiert, darf bleiben, geht aber in der nächsten Saison zur »Eintracht Frankfurt«.

Erziehungsmittel (Subst.), das – etwas, das man braucht und in der Praxis auch verwendet, aber man darf sich dazu nicht bekennen. Denn sonst würde ja Erziehung ausschauen wie ein technischer Herstellungsvorgang, der aber der Menschenwürde widerspricht. Da die Menschenwürde ein ziemlich hohes Gut darstellt – praktisch fast schon gottähnlich –, muss die Theorie der Erziehung so verklausuliert werden, dass von der Anwendung von Mitteln nichts mehr zu merken ist. Daher werden dann z. B. sogenannte Lernumgebungen erfunden, in denen die Kleinen nichts anderes tun können, als das, was die Lernumgebung zulässt. Die Großmeisterin der Lernumgebung war eine gewisse M. M., welche es schaffte, durch Einrichtung und Spielmaterial Kinder zu einem quasi selbstständigen Lernen zu bewegen. Ein gewisser Benito Mussolini hat schwer auf sie gesetzt. Natürlich hat der Begriff des Mittels einen technischen Beiklang, aber man weiß bis heute nicht, was daran so schlimm sein sollte. Techné war bei den alten Griechen nichts anderes als eine Kunstfertigkeit und auch eine Kunstlehre. Ohne Technik hätte es Menschen im heutigen Sinne nie gegeben. Damit es diese weiterhin gibt, suchen sie ständig nach neuen Techniken, auch in der Erziehung. Aber dafür muss es dann andere Begriffe und Wörter geben, die weniger hart klingen. Damit ist die Erziehungswissenschaft beschäftigt.

Fach (Subst.), das – gemeint ist hier natürlich nicht das Fach in einem gewöhnlichen Schränkchen, sondern ein Fach im Feld der Wissenschaften. Es gibt hier überall Grenzen: zwischen Wissenschaft und Glauben, oder auch Politik. Aber auch innerhalb des wissenschaftlichen Feldes. Ein Philologe betreibt etwas anderes als ein Mathematiker. Das ist wie beim Handwerk: ein Installateur kann (hoffentlich) etwas anderes als ein Tischler. Wer Reizhusten hat, geht daher nicht zum Orthopäden, sondern zum Laryngologen. Es könnte aber auch sein, dass der Reizhusten psychosomatischer Natur ist, dann muss man zum Neurologen oder überhaupt gleich in eine Gesprächstherapie.
Fächer sind also irgendwie unvermeidlich, obwohl sie manchmal etwas schnöde als Schubladen des Geistes bezeichnet werden. Aber es können nicht alle alles wissen. Fächer sind ein Produkt der historisch-gesellschaftlichen Arbeitsteilung. Lerne Rechnen, Schreiben und Lesen, Erdkunde und Physik! Und wenn du irgendwie denken kannst, wirst du merken, dass es da Zusammenhänge gibt. Die Welt besteht aus lauter Zusammenhängen, die alle voneinander abhängen.
Was nicht geht, das ist der Versuch, gleich die Zusammenhänge zu lernen, also bevor man weiß, was das Ein-

zelne ist, das mit einem anderen zusammenhängt. Also: Nichts gegen Ganzheit! Aber nicht am Anfang. Es dauert lange, bis man draufkommt, wieso eigentlich überhaupt alles so ist, wie es ist. Und dann kommt noch der Zweifel dazu, der wieder alles in Frage stellt. Also ist die schulpädagogische Begeisterung für den fachübergreifenden Unterricht etwas verfrüht und auch übertrieben. Wenn Physiker philosophieren, ist nichts dagegen einzuwenden. Wenn Philosophen Romane schreiben – na und? Sollen sie, wenn sie es können. Aber zu meinen, man müsse den Kleinen den Kreis beibringen, indem man mit ihnen einen Waldspaziergang macht und ihnen abgeschnittene Bäume zeigt, wo der abgeschnittene Teil ungefähr so ausschaut wie ein Kreis (Beispiel gestohlen von G. W. F. Hegel), ist doch ein ziemlicher Blödsinn. Mathe hat mit Waldspaziergängen ungefähr so viel zu tun wie der Auftrieb (physikalisch) mit dem gesellschaftlichen Aufstieg.

Fehlerkultur (Subst.), die – neues Schlagwort aus dem Himmel pädagogischer Erleuchtung. Die Pädagogik der Fehlerkultur hat entdeckt, dass man aus Fehlern lernt, zumindest lernen kann. Wer auf die Zinken des Rechens steigt, muss sich nicht wundern, wenn ihm der Stiel auf den Kopf schlägt. Es geht daher in Zukunft darum, Fehler ernst zu nehmen und als Lernchance einzuschätzen; deswegen dürfe man die Fehler nicht diskriminieren, was allerdings ein Problem aufwirft, nämlich dass man aus Fehlern nur lernt, wenn man sie als solche bemerkt oder darauf aufmerksam gemacht wird, also das Falsche vom Richtigen unterscheidet (→ Diskrimierung). So gesehen ist die Fehlerkultur ein ziemlich alter Hut, weil es zur Profession von Lehrern immer schon gehört hat, Fehler als solche kenntlich zu machen. Das einzig Neue an der neuen Fehlerkultur dürfte daher sein, dass man die Fehler, die immer schon gemacht wurden, mit freundlicherem Gesicht brandmarkt. Der Fehlerkulturpädagoge ist der Richter mit gewinnendem Lächeln. (Auch der Autor dieses Wörterbuchs beansprucht, dass seine – kaum möglichen – Fehler so behandelt werden. Zuschriften sind allerdings nicht erbeten und daher auch im doppelten Sinne des Wortes sinnlos.)

Ferien (Subst.), die – wieso das ein Plural ist, weiß man nicht genau, weil die Ferien ja doch eine ziemlich abgegrenzte Zeiteinheit zwischen zwei Schuljahren darstellen. Na ja, es sind doch mehrere Tage. Ferien kommt wortgeschichtlich von ferus (lat. wild), bedeutet also, dass man jetzt darf, was man sonst nicht darf. Ferien tragen ihrem Sinn nach den archaischen Bedürfnissen des Menschen Rechnung: Baumhäuser bauen, Banden bilden, Messer werfen u. s. w.; das gibt es aber kaum mehr. Stattdessen gibt es Cluburlaube im Magic Life Club, wo das alles von gut ausgebildeten Animateuren simuliert wird. Dann gibt es auch noch Sprachkurse und z. B. von der Stadt Wien veranstaltete Ferienspiele, für die Kinder, deren Eltern sich den dreiwöchigen Magic Life Urlaub nicht leisten können. Ferien hatten (ferus!) ursprünglich Festcharakter. Man denke an die Saturnalien im alten Rom. Heute sind sie ein Problem. Wohin mit den Kindern, deren Eltern nicht acht Wochen Urlaub haben? Noch dazu in der Großstadt. Also muss es Ferienplanung und -gestaltung geben. Mit der Wortwurzel »ferus« ist es dann vorbei. Also gibt es Lernferien, welche aber nicht Ferien vom Lernen sind, sondern für's

Lernen. Während des Schuljahres war ja keine Gelegenheit dazu.

Erwachsene haben – wie gesagt – keine Ferien, sondern Urlaub. Der dient oder soll der Rekreation für den Arbeitsmarkt dienen, führt aber oftmals zu einem Krankenstand. Vor allem bei Winterurlauben werden oftmals Knochen beschädigt, bei Sommerurlauben die Haut, die Leber und der Cortex. Man sollte die Ferien wirklich kürzen, vor allem an den Schulen, wo der Alltag schon wie Ferien ausschaut: Während des Schuljahres in einer Laptop-Klasse, in den Ferien auch vor dem Laptop.

Frage (Subst.), die – eigentlich eine Zumutung. Warum schaut der, der sich des Fragens erfrecht, nicht selber nach, z. B. im Internet, in diesem Wörterbuch oder z. B. im Atlas? Instinktiv weiß jeder Fragende, dass die Frage eine Art Belästigung ist, und leitet seine Frage daher zumeist mit einer halbseidenen Entschuldigung ein (»Entschuldigen Sie bitte, aber könnten Sie mir sagen, ...?«). Wer fragt, arrogiert sich das Recht, einen anderen behelligen zu können. In klaren Herrschaftsverhältnissen ist das Fragen kein Problem. Wer herrscht, der fragt. Wer fragt, der herrscht oder maßt sich zumindest eine Herrschaftsposition an. Auf dem Polizeirevier ist das Fragen kein Problem, auch nicht für einen Richter. Der Polizist und der Richter müssen fragen: »Wo waren Sie am 11. September?« oder »Wissen Sie, wie schnell Sie hier im Ortsgebiet gefahren sind?« Rückfragen sind nicht gestattet oder werden abschlägig beantwortet. Es gab und gibt sie in bestimmten Gesellschaften immer noch: die peinliche Befragung. Sie tritt ein, wenn der Befragte nicht antwortet.

Diese Grundstruktur der Frage mag vielleicht auch der Grund dafür sein, dass es in Lehrer-Schüler-Verhältnissen die hochgepriesene Schülerfrage kaum gibt. Schüler fragen selten – bei intakten Autoritätsbeziehungen. Lehrer hingegen fragen permanent. (Nach Untersuchungen von R. und A. Tausch ungefähr 60mal pro Unterrichtsstunde. Da sind aber die Prüfungsfragen noch gar nicht dabei.) Im Grunde ist jede Frage eine Prüfungsfrage, auch dann, wenn sie nicht direkt zu einer (→) Note führt, zu einer indirekten Beurteilung führt sie allemal. Fragen ist nicht nur ein Bedrängnis, sondern ein »Eindringen« (Canetti). Die Frage ist auf Eindringen aus, der Befragte hat sich zu öffnen. Wie schon gesagt: Die beste Waffe gegen die Frage ist die Gegenfrage. Funktioniert aber nur bei Gleichgestellten.

Friedenserziehung (Subst.), die – dient der Erzeugung von Friedfertigkeit und findet daher vornehmlich in Ländern und Gegenden statt, in denen Frieden herrscht und der Wohlstand die angestrebte Friedfertigkeit quasi von selber besorgt. Da niemand sein Wohlleben gefährden will, hat er auch keine Ambition, in den Krieg zu ziehen. In Ländern hingegen, die gerade Krieg führen, findet Friedenserziehung praktisch nicht statt, eher eine Art der Mobilisierung von Kampfbereitschaft, damit endlich Frieden wird. Damit endlich Frieden wird, muss der Gegner befriedet, also niedergeworfen werden, wehrunfähig, am besten wehrunwillig gemacht werden. Das Letztere passiert dann am besten, wenn es gelingt, die eigenen kulturellen Standards zu den seinen zu machen. Bei unserem geschätzten A. B. ist »Friede eine Periode des Betrugs zwischen zwei Perioden des Kampfes«. Der

Friede ist also eine zutiefst trügerische Angelegenheit. Er lebt von der internationalen Freundschaft, die bei diplomatischen Treffen immer wieder beteuert, aber dann doch hintergangen wird. Somit hat A. B. durchaus Recht, wenn er sagt, dass die bedrohlichste aller politischen Lagen eine Periode der Freundschaft ist. Friedenserzieher sind nicht schon notwendigerweise die friedfertigsten aller Erzieher. Die können ganz schön streitlustig werden, wenn es um die Frage geht, wie Friedenserziehung am besten gelingen kann, oder wenn ein Schüler sagt, er wolle Soldat werden, damit der Friede erhalten bleibt. Der Friede ist also als solcher ein ziemliches Phantasiegebilde. Die Idee ist vermutlich der christlichen Paradieslehre entnommen, wo das Lamm und der Löwe im Schatten eines Baumes ruhten und sich kokettierend zublinzelten.

Länder, die gerade in Frieden leben, brauchen also Friedenserziehung nicht, müssten eigentlich aufrüsten – sowohl bildungsmäßig als auch militärisch, sonst könnte es einmal zu spät sein. Die anderen Länder haben sie nicht. Das Ganze ist eine ziemliche Chimäre.

Frontalunterricht (Subst.), der – von modernen Pädagogen meist gehasste Unterrichtsform. Dürfte auch damit zusammenhängen, dass man als moderner Pädagoge ungern an der Front steht, sondern sich lieber unter den als gleichgestellt imaginierten unerzogenen und ahnungslosen Jugendlichen bewegt. Man will geliebt werden und nicht zu sehr respektiert. Das führt auch zu gewissen Anpassungsleistungen der Lehrer an den Schülerhabitus – vor allem, was Kleidung und Sprache anbelangt. Das Motto dürfte sein: Wenn ihr mir nichts tut, tue ich euch auch nichts. Noch besser umgekehrt: Damit ihr mir nichts tut, verlange ich auch von euch nichts. Ihr müsst auch nicht aufpassen, denn ich weiß es auch nicht besser. Frontalunterricht wird zumeist mit autoritärem Verhalten assoziiert (Gott Kupfer lauert im Hintergrund). Verwechselt wird hier zumeist sachliche Autorität mit sadistischem Verhalten. Im Grunde ist aber Frontalunterricht ein ziemlich einfaches und harmloses Ding. Da gibt es einen, der etwas weiß, was der andere nicht weiß. Und weil es dem Ersteren nicht wurscht ist, dass der andere das nicht weiß, sagt er es ihm. Er zeigt, er erklärt und erzählt. Die Sache hat nur einen Haken: Man muss als Lehrer im Frontalunterricht von der Sache, um die es geht, selber etwas verstehen. Man muss (→) erklären und (→) erzählen können. Da aber viele das nicht können, weichen sie aus auf die schülernahen, offenen, schülerselbstbestimmten Unterrichtsformen. Nach empirischen Untersuchungen ist aber gerade der Frontalunterricht äußerst schülernah. Schüler schätzen den Frontalunterricht und erleben sich dabei als in ihrer Schülerrolle ernstgenommen.

Gebot, Verbot (Subst.), das – »Pass einmal gut zu und hör mal gut auf!« so sagte schon der Gott der Israeliten zu Moses aus einem brennenden Dornbusch heraus und erließ damit die weitgehend praktikablen 10 Gebote, welche zunächst nur für die Israeliten gelten sollten und später für alle. Der Gott der Israeliten war ein praktischer Gott mit handfesten Regeln für das Ganze des Weltgeschehens. Zwischen Gebot und Verbot besteht im Grund nur ein grammatischer Unterschied. Du sollst dieses und jenes tun, das andere nicht. Es geht um Position und Negation, was aber auf dasselbe hinausläuft. Es wird zwar ein Handlungsspielraum eröffnet, aber als Spielraum wird er auch begrenzt, sonst würde man sich ja komplett verirren. Das wurde dann pädagogisch heruntergebrochen auf bestimmte, noch konkretere Regeln. Du sollst deine Hausaufgaben machen und das Turnsackerl nicht vergessen, sonst kriegst du nicht nur in Sprachen und Mathe eine Fünf, sondern auch in Turnen. Das ganze Erziehungsgeschäft ist auf Tun und Lassen aufgebaut. Das Verbotene muss man lassen, das Gebotene soll man tun. An das Verbotene halten sich auch die meisten, weil sonst die (→) Strafe auf dem Fuße folgt. An das Gebotene weniger, weil die (→) Belohnung nicht direkt auf dem Fuße folgt, sondern bloß erhofft werden kann.

Gesamtschule (Subst.), die – soll ein Problem lösen, das es gar nicht gibt. Die Gesamtschule wird zwar seit rund hundert Jahren propagiert und auch versuchsweise veranstaltet, allerdings neben dem Gymnasium, wodurch der Gesamtschulversuch eigentlich keiner ist. In den USA und der ehemaligen Sowjetunion immer schon üblich, wobei das vor allem in den USA zu erstaunlichen Leistungen im Bildungswesen geführt hat. Das Hauptergebnis der USA-Gesamtschule war dann die Gründung einer Vielzahl von Highschools, in welchen dann doch eher Kinder von sogenannten bildungsnäheren (→) Schichten versammelt waren. Auch die ehemalige SU kannte so etwas wie Eliteschulen für die bildungsnahen Schichten (sprich: Parteikader).
Da die hier sogenannte Volksschule immer schon eine Gesamtschule war, ist die eigentliche Gesamtschule nur

die Verlängerung der Volksschule für die 10- bis 14-Jährigen. Die Teilung der Schülerpopulation in Gymnasiasten und Hauptschüler ist angeblich zu früh. Man könne – so heißt es – bei 10-Jährigen noch nicht erkennen, ob sie für die höhere Schule geeignet wären, obwohl (→) PISA sehr wohl feststellen kann, ob die 10-Jährigen des Lesens und Problemlösens fähig sind. Mit dem 14. Lebensjahr könne man das angeblich treffsicherer voraussagen. Mitten in den Verwirrungen und Verwirrtheiten der Pubertät ginge das genauer. Gesamtschulapologeten – obwohl meist Sozialdemokraten und Grüne – sind also vor allem an einer genaueren Auslese interessiert, obwohl »Auslese« für diese Leute ein Unwort ist. Sie wollen nicht keine Auslese, aber eine genauere. Es sollten wirklich nur intelligentere Schüler ins Gym (Oberstufe) kommen. Dahinter steckt natürlich die Annahme, dass Installateurlehrlinge, Heizungstechniker und Schlosser ruhig blöd sein dürfen, was aber dann wiederum blöd ist, wenn man solche braucht.

Da der Gesamtschulschmäh nicht mehr so richtig zieht, spricht man jetzt lieber von Neuer Mittelschule. Das hat einen doppelten Vorteil: weite Teile der Bevölkerung assoziieren mit »Mittelschule« sowieso das Gymnasium, und das Epitheton »Neu« macht sowieso alles neu und auch etwas her. In dieser Neuen Mittelschule wird dann unterrichtet wie schon bisher in den Gesamtschulversuchen: Projekte, Offenes Lernen, (→) selbstorganisierter Unterricht, Gruppenarbeit. Heraus kommt allerdings nichts anderes als schlechte PISA-Testergebnisse.

Helfen (Verb) – »Hilf mir, es selbst zu tun!« (Imp.) – stammt angeblich von einer gewissen Maria Montessori.

Man weiß nicht genau, was die gute Frau damit gemeint hat. Daher ist hier Vorsicht angebracht, damit man nicht ins Unschickliche rutscht. Rein logisch gesehen hat sie damit aber nichts pädagogisch Bedeutungsvolles gesagt, sondern nur den Begriff der Hilfe definiert: Unterstützung beim Selbertun. Wäre Hilfe mehr als Unterstützung, wäre sie ja keine Hilfe mehr. Wenn jemand etwas für mich erledigt, hat er mir ja nicht geholfen. Der Steuerberater, der für mich die Steuererklärung macht, hat mir ja nicht geholfen, sondern er hat's getan. Sonst müsste er mir ja erklären, wie es geht. Dann bräuchte ich ihn aber nicht mehr. Daher darf die Hilfe nie zu weit gehen. Sagen, wie etwas geht, wäre in der Schule schon zu viel. Da würde sich die Lehrerin überflüssig machen.

Inhalte (Subst., pl.), die – für die (→) Schüler das Unangenehme am (→) Unterricht, auch von den (→) Lehrern nicht sehr geschätzt. Man könnte auch von Gegenständen sprechen, ein Ausdruck, der das Sperrige der Inhalte besser zur Geltung bringt. Inhalte könnte man ja in leere Gefäße schlicht einfüllen – größere Köpfe ermöglichen mehr Inhalt. Die Engländer sprechen statt von Inhalten gleich lieber von »subjects« und bekunden damit, dass das Subjekt des Lernens nicht der Schüler ist, sondern der Gegenstand, also Mathe, Geschichte u. s. w., und all das, was diese beinhalten. Manchmal sagen sie auch »content«, was so viel wie Zusammenhalt meint und eben nicht Zerstreuung. (Griechisch wären die entsprechenden Vokabeln das Symbolon bzw. das Diabolische. Das Symbol bezeichnet den Zusammenhang, das Diabolische das Auseinandergeworfene.)

Momentan haben die Gegenstände, der content, das Symbolische, wenig Anziehungskraft. Hingegen erfreuen sich das Diabolische, das Inkontinente und Zerstreuende großer Beliebtheit. Der Lernende arbeitet sich nicht mehr an Inhalten, am Objektiven (dem Entgegenstehenden) ab, sondern unterwirft diese seinen Unterhaltungs- und Zerstreuungsbedürfnissen. Manche Lernende, die im Unterricht erfahren wollen, wie sich die Sache wirklich verhält, gehen hier leer aus und müssen wohl oder übel selber nachdenken und vielleicht ein Buch lesen.

Inklusive Pädagogik (Subst.), die – grammatisch so wie Pädagogik allgemein, nur inhaltlich genauso. Seit Foucault könnte man es wissen: die Erziehungseinrichtungen sind insgesamt sogenannte »Einschließungsmilieus«. Niemand darf »ausgeschlossen« werden. Sonst hätte man ein Problem, nämlich: wohin mit den Ausgeschlossenen? Also müssen alle »miteinbezogen« werden, die geistig Behinderten, die Ausländer sowieso (obwohl manche diesen Versuchen ziemlich erfolgreich trotzen). Ein Ausländer ist nach A. B. eine Art Inländer im Wartestand. An einer Wiener Pädagogischen Hochschule wurde schon vor ca. zehn Jahren das Schlagwort vom »inklusiven Lehrer« geboren. Der dürfte sich wahrscheinlich nicht nur um die Einschließung aller irgendwie Andersartigen gekümmert haben, sondern sich auch noch selbst eingeschlossen haben. Der Lexikograph dieses Wörterbuchs liebt dieses Wort inklusiv vor allem wegen seiner »All-inclusive-Urlaube«, wo aber – kritisch bemerkt – dann doch wieder nicht alles inklusiv ist. Der geschlechtliche Gebrauch der hübschen blonden Kellnerinnen (aus Leipzig) in einem griechischen Hotel ist nicht inbegriffen. Der Hoteldirektor sagte es ihm höflich aus Anlaß einer diesbezüglichen Nachfrage (Beschwerde). Inklusivpädagogik wäre eigentlich nicht nur »in«, sondern »top«, wenn es nicht PISA gäbe, diesen toskanischen Songcontest, wo dann doch wieder die Spreu vom Weizen getrennt wird.

Internat (Subst.), das – die Wortgestaltähnlichkeit mit dem »Internet« dürfte nicht ganz zufällig sein. In beiden Fällen hängt und zappelt das Individuum im Netz. Der Wortteil »nat« hat zwar nichts mit »net« zu tun, weil er ja vom lateinischen »natus« kommt und nicht von der englischen Variante des Netzes. Dieser Unterschied scheint dem Lexikographen aber unerheblich. »Internatus« heißt eben »dazwischen hineingeboren« – also so wie in eine Familie. Da gibt es fast kein Entrinnen. Das Internat ist (wie) eine Familie, mit allen Dingen, die auch in einer Familie passieren. Sich darüber zu empören (wie B. Bueb), dass (in einem Internat) die Disziplinprobleme zunehmen, ist etwas merkwürdig. Denn dort (im Internat) müssen sie schon deswegen sich häufen, weil die Wildnis, die Welt, das Private fehlen. Also werden die Wildnis, die Welt u. s. w. in das Internat mit hineingenommen. Was bei einem normalen Halbtagschulbetrieb niemandem auffällt, weil es ja außerhalb der Schule stattfindet, wird nun bemerkbar. Das Internat ist – kurz gesagt – eine Form der Internierung, eine Art Internierungslager, allerdings pädagogisch aufgepäppelt, weil es ja auch eine über die bloße Einschließung hinausgehende Aufgabe hat, die auch meist erfüllt wird.

Kind (Subst.), das – der wenig berühmte Pädagoge A. B. schreibt schon um 1900, dass es sich bei einem Kind um einen Unfall handle, »für dessen Eintreten alle Kräfte und Vorrichtungen der Natur besonders entworfen und bestens eingerichtet« wären. Damit hat er grundsätzlich recht, andererseits muss man für heute auch sagen, dass es ja auch künstliche Vorrichtungen gibt, die solche Unfälle zu verhindern geeignet sind, aber auch solche, die solche Unfälle erst ermöglichen und herbeiführen. Es gibt erwachsene Menschen, die sich einen derartigen Unfall herbeisehnen, weil der Zwergpinscher zu wenig Ansprache bietet. In der Regel will der moderne Mensch nur ein Kind, dem er dann seine ungeteilte Zuwendung und Förderung angedeihen lassen kann. Man kann das die motorisierte Einkindehe nennen. Rentenpolitisch führt das zu Problemen der besonderen Art. Es müssen dann andere Kinder her, die aber – weil anders – die besondere Förderung des eigenen Kindes (in der Schule z. B.) beeinträchtigen.

Das Kind ist in der Regel vor allem »lästig«. Daher muss es dann erzogen und unterrichtet werden, mit all den technischen Maßnahmen, die es passend machen. Dass Kinder überhaupt überleben, hängt wesentlich mit drei Faktoren zusammen: erstens sind sie ziemlich robust, zweitens sind sie meistens »lieb«, und drittens ist Kindestötung verboten.

A. B. schreibt daher über »Kindheit« – ein Ausdruck, den uns ein seltsamer Mensch namens Rousseau eingebrockt hat und der als solcher ganze neue Wissenschaften wie die Entwicklungspsychologie und die Neuropsychologie des Kindes- und Jugendalters hervorgebracht hat – dieses: »Jene Periode des Menschen, die zwischen der Idiotie der Säuglingszeit und dem Wahnsinn der Jugend liegt – zwei Grad entfernt von der Sünde des Mannestums und drei von der Reue des Alters«. Bei manchen Pädagogen gilt das Kind als »heilig«. Eine berühmte und minderbegabte Schriftstellerin mit Hang zum Faschismus hat es um 1900 heiliggesprochen. Sie meinte, dass man dem Kind nichts vorschreiben dürfe, sondern dass sich die Eltern, Lehrer u. s. w. nach dem Kind richten sollten und nicht umgekehrt. Das ist in manchen Erziehungsverhältnissen auch heute noch so.

Koedukation (Subst.), die – wieso die Koedukation (weibl.) hier zumindest grammatisch einen Vorrang vor der männlichen Version hat (die ich aber eh nicht kenne), weiß ich nicht. Seltsames Problem. Soll man Männer und Frauen unterscheiden? Soll man Mädchen oder Buben getrennt oder zusammen unterrichten? Sollen Mädchen in Physik etwas anderes lernen als die Buben? Gibt es lateinische Texte, die für Mädchen eher geeignet sind als für Buben? Denken – ganz allgemein – Mädchen anders als Buben? Oder haben alle dasselbe im Sinn? Wer kennt sich da aus? Der Autor dieses Wörterbuches nicht. Aus Erfahrung weiß er nur, dass die Geschlechtertrennung in seinem alten Gymnasium ihm eine gewisse Scheu vor dem weiblichen Teil der Menschheit eingebracht hat, was wahrscheinlich auch die erzieherische Absicht gewesen sein dürfte.

Kommunikation (Subst.), die – bezauberndstes aller Zauberwörter der modernen Pädagogik. Bedeutet ursprünglich so viel wie Vereinigung mit einem, der mir widerstrebt und der nicht gewillt ist, meine Meinungen zu den seinen zu machen. In der Geschichte gab es einige große Kommunikationsgenies, die sich dadurch auszeichneten, dass Zurückreden nicht vorgesehen war. Dazu zählten einige Päpste, Kaiser und Könige und natürlich »Adolf«. Das wirklich große Kommunikationsgenie braucht keine Widerrede. Es überzeugt durch das, was es sagt, noch mehr dadurch, dass es sagt, was die anderen hören wollen.

Von der Kommunion ist die Kommunikation dadurch unterschieden, dass sie nicht mit IHM selber erfolgt, sondern mit gewöhnlichen Mitmenschen, die es auch nicht besser wissen, aber glauben, es besser zu wissen. An diesem Punkt kippt die Kommunikation oftmals in die Diskussion, welche wortgeschichtlich ja eher »auseinanderschlagen« bedeutet. Weil das so ist, und Widerstreit als böse gilt, meint man heute mit Diskussion eben Kommunikation.

Am besten kommuniziert es – so Jean Baudrillard –, wenn man nichts zu sagen hat. Ich rede, und der andere versteht das sogar, obwohl (weil) ich nichts zu sagen habe. Er sagt auch etwas (nichts), was ich dann auch gut verstehe. So kann man z. B. gut in der U-Bahn telefonieren und den anderen Fahrgästen auf die Nerven gehen. Man hat zwar nichts zu sagen, aber dieses Nichts wird laut gesagt, damit auch die anderen wissen, ob es heute am Abend Spaghetti Carbonara oder Spaghetti Bolognese gibt, oder ob die Freundin von Chiara sich eine neue Unterwäsche zugelegt hat, was aber Horst Kevin auch nicht sonderlich aufregt.

In der Pädagogik hat Kommunikation vor allem deswegen Karriere gemacht, weil die Lehrererklärung (→Frontalunterricht) als autoritär gilt. Also kommunizieren die Schüler ihre Meinungen und der Lehrer

moderiert bloß. Wer besser kommuniziert, hat dann gewonnen, bekommt ein »Sehr gut«. Die anderen auch, weil sie gut zuhören konnten, was ja bei diesem Gebrabbel auch eine Leistung ist.
Der (→) Unterricht hat sein neues Vorbild in den Talkshows gefunden, in welchen sich alle vereinigen, weil Konflikte out sind.

Kompetenz (Subst.), die – das ist praktisch alles. Wenn du die hast, bist du fast unsterblich. Da das Wort eben ALLES meint, muss es dann, damit man sich wenigstens ein bisschen auskennt, aufgesplittert werden in verschiedene Teilkompetenzen. Zuerst kannte man nur drei Kompetenzen: nämlich die Sozialkompetenz, die Methodenkompetenz und die Selbstkompetenz. Nach Einspruch des Lexikographen kam dann noch die Sachkompetenz dazu – so, als wäre das etwas Zusätzliches. Methodenkompetenz – so hieß es – wäre die Kompetenz, selber nachschauen zu können, wenn man nicht weiß, wo, also sich praktisch überhaupt nicht auskennt. Sozialkompetenz ist ungefähr die Fähigkeit, die Äußerungen einer Bildungsministerin als sinnvoll zu erkennen und auch bereit zu sein, sie praktisch umzusetzen. Das volitionale Moment ist nämlich nach F. E. Weinert unverzichtbar. Sonst wissen die Leute vielleicht, was etwas ist, tun es aber nicht. Und so geht's nicht. Die Selbstkompetenz war wirklich schwer zu ergründen. Was ist – so fragten sich viele – Selbstkompetenz »eigentlich«. Eine Nachfrage des Lexikographen ergab dann doch eine befriedigende Antwort: Das wäre die Fähigkeit, mit sich selbst umgehen zu können, also – praktisch gesprochen – die Fähigkeit und auch der Wille (volitionales

Moment), sich täglich selber die Zähne zu putzen, in die Arbeit zu gehen (wenn man eine hat) und am Abend rechtzeitig schlafen zu gehen. Die Nachfrage des Lexikographen, ob hier die Selbstbefriedigung mit eingeschlossen wäre, ergab dann ein Auflegen des Hörers. Onanie dürfte also – volitional – immer noch unerwünscht sein. Der Autor dieses geistreichen Wörterbuchs erwog auch noch, ob nicht vielleicht im Begriff der Selbstkompetenz auch das suizidale Moment enthalten wäre. Nach abermaliger telefonischer Nachfrage erfuhr er allerdings, dass Kurse für Erhängen etc. nicht vorgesehen seien. Das erschien ihm aber dann doch etwas mangelhaft. So mangelhaft, dass der Autor sich selbstkompetent erhängen wollte, was er aber nicht konnte, wegen mangelnder Erhängungskompetenz. So blieb ihm nichts anderes übrig, als dieses Wörterbuch zu schreiben, wozu er aber auch nicht ganz kompetent sein dürfte (volitional schon, aber sonst nicht).

Zu ihrer Hochform gelangt die Kompetenz nach reiflichen Überlegungen eines gewissen O. Marquard aber in der Inkompetenzkompensationskompetenz. Das ist praktisch diejenige Kompetenz, über welche Leute verfügen, die nicht kompetent sind, aber trotzdem so tun müssen, als wären sie es. Nach Marquard sind das die Philosophen, die Zuständigen für die unlösbaren Probleme. Meiner Meinung nach handelt es sich bei diesem Marquard'schen Diktum um eine übertriebene Selbstironie, weil ja Philosophen – zumindest indirekt – in der Regel zugeben, dass sie auch nicht wüssten, was jetzt zu machen sei und überdies sowieso praktisch für nichts zuständig sind. Sie reden und denken ja nur (nach). Der wirklich Inkompetenzkompensationskompetente ist nach Ansicht des Lexikographen der Ministerialrat, der Sektionschef und der Minister für Bildung, Wissenschaft, Verteidigung und sowieso alles. Die haben nämlich wirklich keine Ahnung vom Tuten und Blasen, machen aber immer (in diversen Interviews) ein bedeutungsvolles Gesicht, verhalten sich medienkompetent geschult und sondern Sprechblasen ab, bei denen ein erkenntnisinniger Mensch einfach abschalten muss und schlafen geht.

Konstruktivist (Subst.), der – einer, der zu der Ansicht gekommen ist, dass man die Wirklichkeit, also wie die Welt wirklich ist, nicht erkennen könne. Die Tatsache, dass sich der Konstruktivist in der Regel recht erfolgreich bewegt, indem er z. B. dicke Bücher schreibt, in denen steht, dass man nichts erkennen könne, sondern nur konstruiere, hat ihn zur Ansicht verleitet, dass er sich nur »viabel« verhalte. Die Frage, ob die Viabilität (Gangbarkeit) vielleicht etwas mit der Wirklichkeit zu tun hat, ficht ihn nicht sonderlich an.

Konstruktivisten sind meist sehr sympathische Zeitgenossen, zumindest sympathischer als Dogmatiker, weil sie ja wissen (wirklich wissen), dass wir nur Meinungen haben. In einem Gespräch mit einem befreundeten Konstruktivisten erzählte ich einmal von meinen Erlebnissen bei meinen regelmäßigen Altersheimbesuchen und dem Kontakt mit Dementen und Alzheimer-Kranken, welche ja mitunter ganz merkwürdige Ansichten von der Wirklichkeit haben. Eine alte Dame befürchtete ernsthaft, dass das Heim jetzt umgebaut werden würde in ein Hallenbad. Die Befürchtung begründete sie damit, dass beim Eingang in die Cafeteria so viele Neger stünden – quasi ein Indiz/ein Beweis für die Umbaupläne. Aus meiner Sicht sah ich nur den durchaus einheimischen Heimleiter und seine Assistentin, die auch nicht schwarz war. So konstruiert sich jeder seine Wirklichkeit, meinte mein Freund. Wir täten das alle, und der Heimleiter glaube vielleicht auch nur, dass er ein Heim leite. Und wir beide – so meinte ich – glaubten auch nur, dass wir miteinander sprechen würden. Daraufhin bestellten wir uns zwei Gläschen Wein und freuten uns darüber, dass wir glaubten, dass wir jetzt zwei Gläschen Wein trinken würden. Der Konstruktivismus im Allgemeinen ist also eine ziemlich menschenfreundliche Angelegenheit. Nur pädagogisch gibt er nicht allzu viel her, weil die Pädagogen an die von ihnen konstruierte Wirklichkeit glauben müssen, sonst könnten sie die Kinder für die für uns glaubhafte Wirklichkeit nicht erziehen. Es ist also für die Erziehung völlig wurscht, ob die Wirklichkeit so ist, wie wir meinen. Hauptsache ist, dass der Nachwuchs das auch glaubt, sonst müsste er ins Altersheim, wo dann wieder jeder glauben dürfte, was ihm sein neuronaler Apparat vorgibt, und die Heimleiter glauben dürften, sie würden ein Schülerheim betreuen.

Insgesamt ist der Konstruktivismus lustig, wenn man ihn gesprächsmäßig und theoretisch betreibt. Praktisch gibt er nichts her.

Kreativität (Subst.), die – Ausdruck für die pathologische Versessenheit aufs Neue. Selbstverständlich ist unsere Kultur das Ergebnis kreativer Leistungen. Nur sind diese nicht aus dem Nichts heraus entstanden, sondern als Überwältigungsformen des Althergebrachten: der Kubismus z. B. oder die Zwölftonmusik und anderes mehr. Man kann auch kein schiefes Haus bauen, ohne vorher ordentlich Statik gelernt zu haben. Nur unsere Kinder sind angeblich durch Geburt schon kreativ und sollen ganz natürlich kreativ mit Sprache und Zahlen umgehen. Die Versessenheit unserer Pädagogen auf Kreativität entspringt schlicht einer Vergessenheit, was (→) Tradition und Regelbewusstsein anlangt. Wenn man selber nicht weiß, wie etwas geht, sagt man den Kleinen einfach:»Lasst euch was einfallen.«

Kynische (zynische) Pädagogik (Subst.), die – gibt es nicht, außer ein paar zarte Anklänge in diesem Wörterbuch. Die antiken Kyniker hatten – soweit überliefert – keinen Kontakt mit Kindern. Ihre saufrechen Einwendungen und Bemerkungen richteten sich samt und sonders gegen die Athener Oberschicht und gegen deren Eitelkeit und Anmaßung. Mit plapperndem Kleinvieh gaben sie sich gar nicht erst ab. Mit Arbeit oder irgendwelchen Aufgaben gesellschaftlicher Natur hatten sie nichts am Hut. Ihr Lehrer Sokrates respektierte zwar den Staat und staatsbürgerliche Aufgaben, wenngleich er damit auch kein sonderliches Engagement verband. Mit ihrem Mitschüler Platon verband sie allerdings nichts; sein idealistischer Overdrive, der die Erziehungskunst überhaupt mit der Regierung verschmolz, war ihnen zutiefst zuwider. Vor allem als (→) Vorbild wollten sie nicht in Erscheinung treten – wenn schon, dann als Gegenbild, um zu zeigen, dass es anders auch geht. In gewisser Weise könnte man sie als die ersten Grünen bezeichnen, die auf den ganzen zivilisatorischen Krempel, gutes Benehmen, gesittetes Benehmen, moralische Attitüden, pfiffen. Die wollten wirklich zurück zur Natur. Daher war ihnen (→) Erziehung und (→) Bildung kein Anliegen. Und damit kann man weder (einen) Staat machen noch ordentliche Staatsbürger. Zeus, Kyniker glaubten allerdings nicht an solche Dinge, sei Dank, dass diese Leute keinen größeren gesellschaftlichen Einfluss gehabt haben! Sonst würden wir unser Leben immer noch ohne Mikrowelle, Handy, Flugzeug und Atombomben verbringen. Und der Autor dieses Wörterbuch hätte dieses nicht schreiben können. Zynismus gibt es also nur als eine Form der Kritik, nicht als Zielvorstellung, System oder Wissenschaft. Kaum vermeidbar ist er vor allem dann, wenn die gesellschaftlich-pädagogischen Überschwänglichkeiten und Blödheiten zu stark werden. Eine Pflicht zum Kynismus erwächst daraus allerdings nicht.

Lebenslanges Lernen (Subst.), das – der Autor dieses Wörterbuches hat sich in mehreren Artikeln gegen dasselbe beinahe lebenslang ausgesprochen – vergeblich. Nun sieht er, dass man dieses nicht fordern oder zum politischen Programm erheben muss, sondern dass die Angelegenheit schlicht unvermeidlich ist. Wer nicht weiterlernt, muss sterben. Das war schon immer so. Abgesehen davon, dass der Mensch sowieso sein Leben lang lernt, weil ihm ja beständig etwas zustößt, das ihm neu ist (neue Erfahrungen sind kaum vermeidbar), wird er jetzt offiziell dazu angehalten, diese Widerfahrnisse als Herausforderungen zu begreifen, obwohl sie ihm eher als Zumutungen erscheinen. Also braucht er Kurse beim AMS oder auf der VHS, damit er weiterhin arbeitsmarkttauglich bleibt. Aber er macht sie auch, wenn sie nicht in den Arbeitsmarkt führen. Selbst wenn er schon im Altersheim in der höchsten Pflegestufe ist, muss er zumindest lernen, die Gehhilfe zu benützen oder mit der Schnabeltasse umzugehen. »Sterben« lernt man nicht. Man kann es wahrscheinlich auch nicht lernen, auch wenn Seneca sagte: »tota vita discendum est mori«.

Lebensnähe (Subst.), die – einer der sogenannten »Didaktischen Grundsätze«. Muss unbedingt sein. Vielleicht sollte man auch einmal überlegen, ob man anders als lebensnah überhaupt unterrichten kann. Die im Unterricht zu behandelnden Probleme sind ja zum Großteil sowieso lebensnah, weil unser kultureller Bestand unseren Lebensproblemen entwachsen ist. Woher sollten die Themen denn sonst kommen? Vielleicht ist damit aber auch nur eine Form der Zeitgemäßheit gemeint? Also: Je ferner ein Thema, umso weniger lebensrelevant. »753 kroch Rom aus dem Ei.« Das wäre dann nicht lebensnah, weil ja mit 753 »vor Christus« gemeint ist. Und das geht uns Heutige ja wirklich nichts mehr an, schon gar nicht muss es uns kümmern, dass die Gründung Roms etwas mit der Zerstörung Trojas zu tun hatte und wer daher die Gründer Roms waren.

Oder die Sache ist so abstrakt (»abgezogen«), dass sie mit dem Leben angeblich auch nichts mehr zu tun hat: der pythagoräische Lehrsatz. Wer braucht den in seinem Leben, wenn er darauf zu schauen hat, ob er seinen Müll rechtzeitig entsorgt und die Versicherungsrechnung rechtzeitig eingezahlt hat?

Das Problem ist nur folgendes: Wenn man nur unterrichtet, was unmittelbar nützlich und brauchbar ist, dann wäre man wahrscheinlich nach 5 bis 6 Schuljahren am Ende, müsste dann aber ein Leben lang nachlernen, weil sich die Dinge so schnell ändern. Es könnte aber auch sein, dass unter diesen Bedingungen sich die Dinge nicht mehr so schnell ändern.

Lebensnähe wäre dergestalt ein Instrument, der Veränderungsgeschwindigkeit der Lebensprobleme vorzubeugen. Wenn man nur das lernt, was man braucht, verändert sich auch nicht viel. Das Blöde ist nur, dass es manche Leute gibt, die das nicht zur Kenntnis nehmen und auch das sogenannte Unnötige lernen. Die haben dann die Nase vorn und die anderen das Nachsehen.

Lehrer (Subst.)**,** der – **Lehrerin** (Subst.)**,** die – allgemein, d. h. gegendert – **Lehr** (Subst.), das – nicht sonderlich einträglicher Berufszweig, wobei die geringe Einträglichkeit aufgewogen wird durch angeblich mehr Freizeit und die Möglichkeit, die eigenen Weltanschauungen, Vorlieben und Schrullen an mehr oder weniger hilflosen Geschöpfen auszuleben. Damit man ein Lehr werden kann, bedarf es der Ausbildung zum Lehr durch Oberlehrs. Das Lehr ist ein seltsames Geschöpf, entstanden durch die Arbeit von Lehrs. Das Lehr verlässt die Stätte seiner kleinen Freuden und größeren Demütigungen nie. Zuerst wird es belehrt, dann belehrt es andere. Das Lehr ist ein in sich gekrümmtes Wesen wie der in sich gekrümmte Raum. Es bewegt sich zwar, bleibt aber immer bei sich.

In den letzten drei Jahrzehnten hat es das Lehr geschafft, den Kern seiner Aktivität – das Lehren – aufzugeben. Einer der wenigen Berufszweige, die das, was ihre Namen versprechen, nicht tun. Man kann nur hoffen, dass z. B. hier die Ärzte nicht mitziehen. Die demokratischen Politiker haben eine Weile lang mitgezogen und nicht mehr regiert, sondern auf Umfragen reagiert (jetzt haben sie

54

aber damit aufgehört und hören eher auf Brüssel). Das moderne Lehr reagiert quasi auch auf Umfragen, sagt z. B. den Kleinen (Lerns), dass sie heute wieder machen sollen, was sie wollen. Dadurch entstehen dann oft Probleme. Manche belehrt werden Sollende wollen nämlich auch belehrt werden und weigern sich zu tun, was sie wollen, wollen vielmehr tun müssen, was sie nicht wollen. Davon lebt ein nicht unbedeutender Zweig der Erziehungswissenschaft, nämlich die Didaktik.

Das Lehr ist primär Opfer seiner Oberlehrs, wobei Letztere sich ziemlich wichtig vorkommen und meinen, mit ihrer Oberlehrkunst die Welt und überhaupt alles, was ist, retten und verbessern zu können. Manche von dieser Sorte wollen aber nur sich selbst retten, was aber für das Ganze eh besser ist.

Historisch gesehen war das Lehr immer Bediensteter, in der Antike sogar Sklave. Das hat sich bis heute gehalten, als eine besondere Art der Devotheit. Lehrs wollen zwar nicht mehr lehren, lassen sich aber gerne in Fortbildungsveranstaltungen belehren von Oberlehrs, die der Meinung sind, man dürfe nicht belehren.

Insgesamt ein Berufszweig, der zwar notwendig ist, aber die Menschheit nicht weiterbringt.

Lehrplan (Subst.), der – Relikt aus der Gründungszeit der öffentlichen Schule. Der Lehrplan diktierte lange Zeit ohne Rücksicht auf die Lernbedürfnisse der Kinder, was gelernt werden soll. Der LP schaffte sich allerdings im Laufe der zweiten Hälfte des 20. Jahrhunderts selber ab – und zwar durch Aufblähung. Hatte der LP eines Gymnasiums noch um 1910 rund 100 Seiten, so hat der der Grundschule heute 300 Seiten, in denen nichts Bemerkenswertes steht. So nahm es auch nicht wunder, dass diese sogenannten Pläne kaum gelesen wurden, denn mit einem Plan hatten sie wenig gemein. Die sogenannte Kompetenzorientierung inkl. der zu implementierenden Bildungsstandards soll dem jetzt Abhilfe schaffen. Soweit dieses kenntnisreiche Wörterbuch die Sache überblickt, sollen diese Bildungsstandards aber nicht an Stelle des Lehrplans treten, sondern diesen »bloß ergänzen«, was zu weiterer Verwirrung beitragen könnte.

Lernziel (Subst.), das – hat schon vor ca. 40 Jahren das Wort »Lehrziel« abgelöst. Der 1969 erschienene Didaktik-Bestseller »Unterricht – Analyse – Planung« wurde von einer Gruppe von Didaktikern herausgegeben, welche ihre Didaktik als »Lehr- bzw. Lerntheoretische Didaktik« bezeichneten, was schon eine gewisse Unsicherheit im Begriffsgebrauch andeutete. Einige Jahre später reüssierte die sogenannte »Lernzielorientierte Didaktik«, die aber immer noch davon ausging, dass die Lernziele von übergeordneten Planungsbehörden gesetzt werden und den Lernenden schmackhaft gemacht werden müssten. Erst die mit Ende der 70er-Jahre einsetzende schülerorientierte Didaktik mit ihrem Konzept des bedürfnisorientierten Lernens machte dann Ernst mit dem Begriff »Lernziel« und verstand Lernziele nun als die Ziele, die die sogenannten Lerner sich selber setzen, was die Lehrer zu Coaches und Lernbegleiter von autonom lernenden Lerns degradierte. Dagegen wehrte sich nur ab und an ein sogenanntes Lehr, weil die meisten einsahen, dass sie ohnehin nicht mehr wissen als die kleinen Lerns. Die wenigen Lehrs, die sich einbilden, es besser zu wissen, wie man ein gleichschenkeliges Dreieck konstruiert, gehen aber demnächst sowieso in Pension. Ein bisschen konterkariert wird dieser Vorgang allerdings derzeit vom Konzept der Bildungsstandards.

meinen (Verb.) – der Autor dieses Wörterbuchs »meint« z. B., dass dieses Wörterbuch ein Bestseller werden sollte, weil es ja seines ist, und daher die Tantiemen auf seinem Konto landen sollten. Anthropologisch gesehen muss man sagen, dass die Menschen eigentlich ununterbrochen «meinen«, vor allem dann, wenn sie sagen, dass sie dächten. Der Ausdruck »Meinung« ist in den letzten Jahren etwas aus dem Gebrauch gekommen. Vor allem in TV-Interviews sagen die Interviewten jetzt immer, wenn sie nach ihrer Meinung gefragt werden, dass sie sich etwas denken würden: »Ich denke, dass die Sache X so und so ist, und überhaupt denke ich, dass man hier dies und jenes machen müsste.« Das Meinen und Glauben verschanzt sich heute gerne hinter dem Denken. Wenn jemand sagt »Ich denke, dass ...«, kann man ziemlich sicher sein, dass er nur meint oder vermutet. »Denken« klingt eben einfach besser, hat den Beiklang von Überlegtheit und verleiht dem Sprecher sogar ein bisschen Überlegenheit. Statt »denken« könnte er auch »glauben« sagen. »Glauben« hat aber wiederum den Nachteil, dass es einerseits noch mehr nach Vermutung klingt, andererseits – je nach Intonation – nach Gewissheit im religiösen Sinne. Letzterem soll in jedem Fall vorgebeugt werden. Glauben ist restlos out, meinen ist wiederum zu trivial. Daher ist »denken« der probate Ausweg, wenn man zu einer Sachlage etwas sagen soll, wovon man nichts versteht. Man braucht schon sehr viel

Autorität und gesellschaftliche Anerkennung, um seine Meinungen auch als Meinungen kundtun zu können. Der für Österreich legendäre Kanzler Bruno Kreisky konnte das noch. Er beantwortete jede kritisch gemeinte Journalistenfrage mit dem Satzanfang:»Ich bin der Meinung ...«. Das bedeutet, dass Meinungen die Chance haben, als Wahrheiten akzeptiert zu werden, wenn sie von Autoritäten geäußert werden. Genau genommen ist aber der Gegenpol zur Meinung nicht das Denken, sondern das Wissen. Der gute alte Kant war noch der Meinung, dass man diese Dinge folgendermaßen unterscheiden könne: Beim Meinen wären die subjektiven Anteile im Gesagten überwiegend, beim Wissen hingegen die objektiven. Hundert Prozent Objektivität gibt es nicht, denn dann wäre man gottähnlich, hundert Prozent Subjektivität gibt es aber auch nicht, denn dann wäre man ein Trottel. Zwischen diesen Extremen leben wir und müssen daher ständig diskutieren und argumentieren.

Moderation (Subst.), die – so richtig en vogue geworden ist die Moderation durch das Fernsehen und die in ihm permanent stattfindenden Debatten. Fernsehdebatten sind die billigste Art, Sendungen zu präsentieren. Man braucht nur ein paar Debattanten, die kein Honorar kriegen, sondern nur die Möglichkeit, sich selbst zu präsentieren und damit indirekt Werbung in eigener Sache zu machen, und eben einen Moderator, der dafür sorgt, dass die Debatte nicht aus dem Ruder läuft, also moderat vor sich geht. So stellt er also Fragen an die Debattanten, schaut aber peinlich darauf, dass diese nicht miteinander diskutieren, sondern nur im Hintereinander ihre moderaten Ansichten zum nichtdiskutierten Problem abgeben. Der Moderator ist eine Art Weichmacher, auch Vermittler. Er »korrigiert« problematische Ansichten, ermäßigt sie auf ein zuträgliches und zumeist politisch korrektes Niveau, sieht Übereinstimmungen dort, wo Gegnerschaft vorliegt, agiert also als Mediator. Gleichwohl ist er Governator. Er regiert das Gespräch, unterbricht Leute, von denen er annimmt, sie würden jetzt gleich ihre wirkliche Meinung sagen, und erteilt das Wort einem anderen Gesprächsteilnehmer, der das medial Erwünschte sagt. Natürlich weiß kaum ein Zuhörer hinterher, worum es jetzt wirklich gegangen ist. Und das ist auch gut so. So können die Leute ruhig schlafen gehen, weil die Welt in Ordnung ist. Auch Schulunterricht vollzieht sich heute vielfach als Moderation von Schülergesprächen, im (→) Morgenkreis, im Sitzkreis u. s. w. Das Ganze geht dann zumeist ziemlich im Kreis. Ein wirkliches Lehrziel ist da kaum ausmachbar. Man stellt seine Ansichten moderat dar, tauscht moderate Meinungen aus. Die Moderatorin (sprich: Lehrerin) hat die Stunde über die Runden gekriegt und meint jetzt, dass sie über die Kinder besser Bescheid wüsste. Dass die Kinder über eine Sache besser Bescheid wissen sollten als vorher, darauf hat sie vergessen. Da aber keine Zuseher dabei sind, schläft auch fast niemand ein. Das ist der einzige Unterschied zur Fernsehdebatte.

Moral, die – Haltung, Einstellung, »die im Einklang mit örtlichen, veränderlichen Maßstäben des Rechtsempfindens« (A. B.) steht. Im Grunde das Ziel der Erziehung.

Die Moral wird von manchen Erziehungstheoretikern als Erziehungsziel nicht anerkannt, sehr wohl aber die sogenannte »Sittlichkeit«, welche gewissermaßen noch eine Stufe über der Moral liegen soll. Die ganze Chose wurde auch mitunter als Differenz zwischen Sitte (= Moral) und Sittlichkeit diskutiert, wobei die Sittlichkeit insofern wertvoller wäre, als sie identisch mit dem Kategorischen Imperativ des berühmten Kant wäre und auch noch imstande, die Moral kritisch zu reflektieren. Manchmal – bei Christen zum Beispiel, die das Christentum zumindest rhetorisch ernst nehmen – besteht die Sittlichkeit überhaupt gleich in der Nachfolge Christi, was man aber nach Meinung des Lexikographen nicht anstreben sollte, weil man sonst höchstens 30 Jahre alt, ans Kreuz genagelt wird oder in einem Gefängnis landet.

Da die Moral nur ein anderer Ausdruck für das örtlich und historisch bedingte Rechtsempfinden ist, ist sie natürlich auch der Widerpart für anderes Rechtsempfinden, welches z. B. den einwandernden Türken eigen ist. Hier muss dann ein anderer Begriff bemüht werden, nämlich der der Interkulturalität bzw. der der Interkulturellen Kompetenz (→ Interkulturelle Erziehung).

Moralisch einwandfrei ist aber z. B. die Haltung und das Verhalten von Bankern, die das von Anlegern und Sparern eingelegte Geld auf internationalen Märkten verspekulieren und dergestalt die dummen Einzahler von Privatpensionen um eben diese bringen. Denn dieses Verhalten steht durchaus im Einklang mit den hierörtlichen Verhältnissen. Ob es »sittlich« ist, muss noch diskutiert werden in einer neu gegründeten Wissenschaft namens »Wirtschaftsethik«, welche am besten überhaupt gleich von der Wirtschaft finanziert wird.

Moralpredigt (Subst.), die – nach A. B. die fortgeschrittenste Form der Disziplinierung. In seinem Wörterbuch taucht die Moralpredigt allerdings nicht als eigenes Stichwort auf, sondern findet sich im Eintrag »Strick«. Dort heißt es zu Strick: »Veraltetes Gerät; dient dazu, Mörder daran zu erinnern, dass auch sie sterblich sind. Wird um den Hals gelegt und verbleibt dort lebenslang. Wurde weitestgehend von einer komplizierten elektrischen Vorrichtung verdrängt, die an einem anderen Körperteil angebracht wird. Diese macht ihrerseits rasch einem neuen Apparat platz, der unter dem Namen ›Moralpredigt‹ bekannt ist.«

Nun ist natürlich die Todesstrafe kein richtiges (→) Erziehungsmittel, weil der derart Bestrafte dann nicht mehr da ist und also auch nicht erzogen. Sophistizierend könnte man auch sagen, dass schon der Wortteil »Strafe« in Todesstrafe eine pädagogische Beschönigung der Beseitigung eines Individuums ist. Dieses lernt aus dieser Bestrafung nichts mehr.

Die Moralpredigt hingegen, oft auch Standpauke genannt, hat durchaus die Potenz, den Missetäter auf den »rechten Weg« zu leiten, indem sie ihm – zumeist drastisch – vor Augen führt, was ihm blüht, wenn er von seinen Verfehlungen nicht ablässt. Insofern ist sie auch immer Element der Verhängung von sogenannten Bewährungsstrafen.

In der pädagogischen Theorie bzw. im pädagogischen Schrifttum allgemein ist sie in den letzten Jahrzehnten etwas in Verruf gekommen, und zwar so stark, dass sie dort fast gar nicht mehr vorkommt. Wenn sie schon vorkommt, dann als eine Moralpredigt für diejenigen Erzieher, die sie immer noch praktizieren. Sie darf / soll nicht sein. Damit sie nicht sein muss, muss sie aber angewandt werden. – Natürlich verklausuliert, versteckt hinter wissenschaftlich-pädagogischen Argumenten, welche geeignet sein müssen, die Erzieher von ihrer Abwendung abzuhalten. Das hat zur Folge, dass die Praktiker im Erziehungsgewerbe sie auch so anwenden: versteckt, verklausuliert, in Beratungsgesprächen und ähnlichen pädagogischen Maßnahmen. Im Religionsunterricht hatte sie jahrzehntelang noch einen festen Platz. Seitdem aber dieser nicht mehr ausreichend nachgefragt wird, findet sie höchst verklausuliert im Ethikunterricht statt.

Morgenkreis (Subst.), der – seltsame Veranstaltung, vor allem in Grundschulen anzutreffen. In den meisten Grundschulen nur montags, 1. Stunde, in manchen aber täglich. Die Kleinen erzählen, wie sie das Wochenende verbracht haben, was da los war und ob der Vater wieder die Mutter geschlagen hat. Letzteres ist natürlich Blödsinn, denn die, bei denen solches der Fall war, schweigen zumeist. Die anderen berichten von lustigen Sonntagsausflügen und davon, dass sie bei der Heimfahrt wieder im Stau gestanden sind. Viele berichten auch von ihren neuesten Computerspielen. Die ganze Chose ist dem humanistisch-psychologischen Encounter-Seminar nachempfunden, allerdings ohne dass die Morgenkreislehrerin je selber so etwas gemacht hätte, sonst wüsste sie ja, dass ein einstündiges (45 Min.) Encounter-Seminar ein Unsinn ist: Ein richtiges dauert nämlich üblicherweise eine Woche. Die Sache soll offenbar einer gewissen, durch den beginnenden Schulalltag bedingten Unruhe und auch einer gespannten Haltung, auf das, was jetzt kommt, vorbeugen. Gleichzeitig erlaubt es der Lehrerin, mehr oder weniger tiefe Einblicke in das Seelenleben der Kinder vorzunehmen und Dinge verstehend zu interpretieren, die sie eigentlich nichts angehen. Der Morgenkreis dient dergestalt auch einer gewissen Vorurteilsbildung, ohne welche man ja nie richtig mit den Kindern umgehen könnte. Also diese Stunde ist dann weg. Dann beginnt das »Offene Lernen« und ein zielloses Herumirren der Kleinen im Stationenbetrieb. Und dann kommt (→) PISA!

Motivation, die – seit den 60-ern des 20. Jahrhunderts Zauberwort im Bildungswesen und mehr noch in der betrieblichen Führung. Findige Psychologen sind damals draufgekommen, dass Menschen bei (vor) ihrem Tun immer ein Motiv, manchmal sogar Gründe haben. Ohne ein Motiv – so die tiefgründige Erkenntnis – würden Menschen nämlich nichts tun. Da die Unterscheidung von Motiven und Gründen schwierig war, beließ man es bei den Motiven. So entstand z. B. ein ganz neuer Wissenschaftszweig, nämlich die Motivforschung (Ernest Dichter), die ihr Anwendungsgebiet v. a. in der Werbewirtschaft hatte und hat. Früher nannte man die Strategien, die man anwandte, um Leute zu einem bestimmten Tun zu bewegen (movere), einfach Propaganda, Verführung, Verlockung oder auch Zwang. Jetzt sagt man dazu Motivierung.

Man kann Menschen zu höherer Arbeitsleistung motivieren, zu einem bestimmten Wahlverhalten in politischen Angelegenheiten, Kinder zum Lernen, Menschen beiderlei Geschlechts zur Bereitschaft einen sexuellen Kontakt aufzunehmen, ja sogar zum Heiraten, was aber nur Sinn hat, wenn der der- oder diejenige über ein entsprechendes Aussehen oder auch einen bestimmten Kontostand verfügt.

Man braucht also zum Motivieren selber ein Motiv. Ohne ein Motiv würde ich nie jemanden zu etwas motivieren. Der dergestalt Motivierte tut dann also, was ich will, das er tun soll. Während der durch Zwang (Drohungen etc.) Motivierte noch eine dunkle Ahnung davon hat, dass er das, was er tut, eigentlich nicht will und demgemäß den von mir erteilten Auftrag nur mangelhaft ausführt, besteht die Hochform der Motivierung darin, dass er das, was ich will, das er tun soll, selber will. Motivation (Motivierung) ist also nach Einsicht eines etwas diskreditierten Philosophen (Schopenhauer)»Betrug am Willen eines anderen«, indem ich ihm meine Motive als die seinen unterschiebe.

In der Pädagogik sprach man lange Zeit von»Lern- und Leistungsmotivation«. Das war nach der»deutschen Bildungskatastrophe«, welche ein gewisser G. Picht ausgerufen hatte. Dann (ab den 80-ern) wurde es stiller um die Fragen der Leistung beim Lernen. Jetzt kommt die Sache wieder, weil wir im (→) PISA-Songcontest so schlechte (→) Noten bekommen haben.

Mündigkeit (Subst.), die – eigentlich ein Rechtsbegriff, das Gegenteil von Unmündigkeit. Der Unmündige wird auch zumeist als»Mündel« bezeichnet und ist einer, der eines Vormundes bedarf. Betrifft im Allgemeinen (→) Kinder und Jugendliche bis zu einem bestimmten Alter, oder auch ältere Individuen, die nicht mehr imstande sind, für sich selbst zu sorgen. Da der Begriff der Vormundschaft etwas aus der Mode gekommen ist, spricht man – speziell in Bezug auf ältere Unmündige – eher von Sachwalterschaft, was aber auf dasselbe hinausläuft. Damit wäre die Angelegenheit eigentlich hinreichend geklärt, wenn es nicht den berühmten Kant gegeben hätte, der dem Begriff auch gleich eine pädagogische, im Grund sogar anthropologische, Dimension verliehen hat, an der sich ganze Generationen von Erziehungstheoretikern abgearbeitet haben. Mündigkeit gilt seit damals als Erziehungsziel und wurde von Kant als die Fähigkeit definiert, sich seines Verstandes ohne Leitung eines anderen zu bedienen. Praktisch gesprochen ist die Devise also »selber denken«, was aber ohnehin jeder tut, weil man anders als selber sowieso nicht denken kann. Wir denken eigentlich immer selber, aber eben oftmals die Gedanken anderer. Woher sollten wir unsere Gedanken auch nehmen, wenn nicht aus Büchern, Zeitungen, Verlautbarungen und Gesprächen mit anderen. Vor allem in der Pädagogik geht es ja zu 99 Prozent darum, die Gedanken, die schon längst gedacht worden sind, nachzudenken. Das wusste der gute Kant natürlich auch. Darum schrumpft seine Aufklärungsschrift von 1784 eigentlich zusammen auf ein simples Plädoyer für das Recht auf Widerspruch, im Grunde auf ein Recht, an bestimmten Orten dem jeweils geltenden Gedankengut widersprechen zu können. Seine Beispiele dafür sind allerdings etwas hanebüchen. Der Soldat im Dienst z. B. muss zwar gehorchen, aber in der Rolle als freier Bürger soll er etwas gegen den auf Befehl angezettelten Krieg sagen dürfen. Der Geistliche muss zwar auf der Kanzel die Lehrmeinung der Kirche vertreten, und damit sein Amt erfüllen, aber als Gelehrter vor einem Publikum soll er die Existenz Gottes bestreiten dürfen. Das kann nicht gutgehen.

Nachhaltigkeit/nachhaltiges Lernen (Subst.), die/das –
Begriff aus der Forstwirtschaft. Gemeint ist damit ganz
schlicht, dass der Forstwirt so viele Bäume nachpflanzt
wie er abholzt, damit der Wald erhalten bleibt. Daran
haben bekanntlich die Römer nicht gedacht, als sie die
Wälder Dalmatiens zum Zwecke des Schiffbaus ab-
holzten. Die Griechen übrigens auch nicht, darum sind
ihre Inseln ziemlich kahl, was aber uns Heutigen ziemlich romantisch dünkt. Nachhaltigkeit besagt also kei-
neswegs, dass alles so bleiben soll, wie es ist. Manches
Holz verschwindet, aber neues wächst nach. Im Karst allerdings nicht mehr. Beim nachhaltigen Lernen ist man
sich nicht so sicher, ob alles Gelernte haften bleiben
soll, oder ob man nicht doch einiges vergessen darf, damit Neueres gelernt werden kann. Das nicht ständig im
Gebrauch Befindliche vergisst man leicht. Z.B. vergessen Geisteswissenschaftler sehr gerne die Modalitäten
der Integral- und Differentialrechnung, die Prozentrech-
nung nicht, weil sie ja wissen wollen, wie viel Tantiemen
das neue Buch einbringt. Was sich tief ins Gedächtnis
einprägt und auch bleibt, ohne dass viel Neues nach-
wächst, sind üblicherweise ganz banale Ereignisse, die
das Individuum aber für individuelles Schicksal hält, obwohl es beinahe jedem passiert.
Müsste man sich alles merken, was man einmal gelernt
oder erfahren hat, würde man wahnsinnig. Das Gedächtnis hat die angenehme Eigenschaft, unangenehme
Erlebnisse im Nachhinein zu verharmlosen und schöne
Ereignisse für selbstverständlich zu nehmen. So bleibt
man einigermaßen im Gleichgewicht.

Nahtstelle(nproblematik) (Subst.), die – wahrhaft ein gigantisches Problem. Ein Sechsjähriger wechselt vom Kindergarten in die Grundschule. Na und? Haben wir das nicht schon alle gemacht? Noch dazu in einer Zeit, in welcher man dieses Wort noch gar nicht kannte. Ein Zehnjähriger wechselt von der Grundschule ins Gymnasium. Na und? Dass dort in der Regel die Dinge etwas anders laufen, muss ja nicht so überraschend sein. Ein Maturant beginnt seinen Wehrdienst – ja, Schule ist das nicht. Der Ton ist etwas rescher, und um 6 Uhr heißt es »Tagwache«. Na und? Man ändert manchmal Dinge, damit nicht alles immer gleich bleibt. Die Kleinen wechseln von der Familie, die eh meist keine ist, in den Kindergarten. Alle aber wechseln von der Geborgenheit im Mutterschoß ins grelle Licht des Kreißsaales. Da nützt auch die sanfte Geburt nichts. Der Übergang ist unvermeidlich. Manche wechseln sogar von der Schule oder (→) Universität in die Arbeitswelt. Es soll sogar welche geben, die von der Arbeitswelt in den Rentnerzustand wechseln. Am Ende wechseln wir alle vom Diesseits ins Jenseits. Wo ist das Problem?
Die Nahtstellentheoretiker wollen keine Nahtstellen. Sie leben von der Idee des reibungslosen Übergangs. Auf einmal hat man Abitur und merkt es nicht einmal. Auf einmal ist man Bachelor und weiß nicht, wozu. Auf einmal ist man Verteidigungsminister und weiß nicht, wieso. Nahtloser Übergang von einem vorherigen Nichts in ein Nichts, in welchem man sich auch nicht auskennt. Es gibt auch Menschen, die vom Junggesellendasein in die Ehe wechseln. War früher tatsächlich eine Nahtstelle: Wechsel von der Ausgeliefertheit an die unerträgliche persönliche Freiheit (praktisch: individuelle Despotie) in fremde Tyrannei. Auch das wird jetzt verschliffen:

Zusammenziehen, Probeehe mit Sidesteps, dann Ehe mit Sidesteps, dann Scheidung mit Sidesteps zur Ex. Auf der Uni dasselbe: Einerseits soll die Schule uniähnlicher werden (Projektarbeiten u. ä.), andererseits die Uni schulähnlicher: durchstrukturierte Lehrpläne, Vorschriften über Vorschriften. Der moderne Mensch hält etwas nicht aus: Grenzen, Unterschiede, Differenzen. Die einzige Differenz, die noch zählt, hat mit Zahlungsfähigkeit zu tun. Kann zahlen oder kann nicht zahlen.

normal (adjektivum) – das, was unseren Vorstellungen entspricht. Normalisierung ist der Vorgang, der zur Normalität führt, von Pädagogen auch oft »Erziehung« genannt, auch dann, wenn sie von Differenzierung und Individualisierung reden. Der Begriff des Normalen kommt ohne den der Norm nicht aus. Da dieses Wort seit einigen Jahrzehnten für Erziehungswissenschaftler einen unangenehmen Nebenklang hat, spricht man heute von »Standards«. Standards sind z. B. das, was die österreichische Tageszeitung ›Der Standard‹ verbreitet. Abnormal sind Ansichten und Lebensformen, die der Mehrheit nicht konvenieren. Wenn jemand abnormale Ansichten vertritt und eine abnormale Lebensform pflegt, wird er entweder Künstler oder kommt in die Geschlossene. In beiden Fällen darf er dann weiterhin so bleiben, wie er ist. Auch das ist dann normal.
Die Höchstform der Normalität erreichen normalerweise Politiker. Sie sind die Repräsentanten der Normalität. Sonst würden sie ja auch nicht gewählt werden.
Gute Lehrer und Erzieher sind demnach diejenigen, welche pro Jahrgang mindest einen späteren Politiker hervorbringen. Die Vorstellungen von Normalität

wechseln normalerweise nach den Zeitumständen. Es könnte aber auch sein, dass die Zeitumstände sich nach den Vorstellungen von Normalität richten. Manchmal verkehren sich die Vorstellungen von Normalität ins Unlogische, z. B. heutzutage. Eine kurze Durchsicht der Blätter der Regenbogenpresse kann etwa den Eindruck erwecken, dass Prominenz normal wäre und Nichtprominenz abnormal. Das führt dazu, dass viele an und für sich normale Menschen versuchen, prominent-abnormal zu sein, sich z. B. an Castingshows beteiligen, woran dann aber die meisten scheitern, was aber normal ist.

Note (Subst.), die – Vokabel, welches in den unterschiedlichsten Zusammenhängen gebraucht wird. Im Feld der Musik praktisch unentbehrlich: Ohne Noten keine Musik (außer beim Free Jazz). In der Politik und Diplomatie praktisch eine Botschaft, die von einem Herrscher einem anderen durch einen Diplomaten überbracht wird. In der Juristerei gibt es sogar einen eigenen Berufsstand, der es nur mit Noten zu tun hat. Das ist der Notar. Die notarielle Beglaubigung bestätigt z. B. die Existenz eines Menschen, der sowieso da ist. Oder sie bestätigt die rechtmäßige Übernahme des Vermögens eines Verstorbenen durch einen unbotmäßigen Verwandten, der sich dadurch eine gewisse Missbilligung durch andere Verwandte zuzieht und in Hinkunft der verwandtschaftlichen Vertrautheit entbehrt. Völlig abgetrennt davon erscheint zunächst die Notiz, die sich jemand macht, damit er nicht vergisst. Nota bene! Merke wohl! Die Note hat es also allemal mit »merken«/»aufmerken« zu tun und ist ein Ausdruck von Herrschaft. Sie hat auch etwas Trennendes. Sie trennt die Töne, die gesungen werden sollen, von denen, die man zu unterlassen hat. Sie trennt politisch Verbündete von anderen Verbündeten. Sie trennt die Erben von den Nichterben. Und sie trennt das, was man sich merken soll, von dem, was man vergessen darf. Die Note ist unentbehrlich. Aber nicht so die Schulnote. Es soll sie schon weiterhin geben, aber man soll sie nicht so ernst nehmen. Man soll – so wurde ernsthaft diskutiert – mit drei »Nicht genügend« aufsteigen können. Warum eigentlich nicht mit fünf? Warum eigentlich nicht mit lauter Fünfern? Starke konservative Kräfte haben das aber verhindert und einen historischen Kompromiss durchgesetzt: Nur mit zwei Fünfern. Als Österreicher muss man sagen, dass dieses Modell auch ideal für die Qualifikationsrunde der Fußballweltmeisterschaften wäre: Aufsteigen mit vier Niederlagen in einer Fünfergruppe und modulartiges Nachholen gegen San Marino und Island. Man mag es drehen und wenden wie man will. Noten diskriminieren. Nur die Noten der internationalen Rating-Agenturen müssen bleiben.

PISA (Akronym), der, die, das (?) – Kunstwort – nach Johann König ist das die Abkürzung für »pummelige Idioten suchen Arbeit«. Darauf ist er gekommen, weil unsere Kinder meistens zu dick sind und auch noch blöd. Also Dick und Doof. Früher, so meinte er, wären das zwei gewesen, heute reiche einer. Das ist natürlich eine schwere Übertreibung für etwas, wofür die Kinder gar nichts können. Damit das nicht so weitergeht, wurde PISA erfunden: ein internationaler Test für alle OECD-Staaten, bei denen die USA nicht dabei sind. Die haben sich gesagt: Da machen wir nicht mit, denn wir brauchen die pummeligen Idioten, damit sie bei der Präsidentenwahl zwischen McCain und Obama unterscheiden können und den wählen, der das verspricht, was er dann auch nicht halten kann, weil sonst von irgendwo eine Kugel geflogen kommt. PISA testet Problemlösungskompetenz. Das Blöde daran ist nur, dass man die nur erwerben kann, wenn man etwas Sachhaltiges gelernt hat. Sachhaltigkeit ist aber ziemlich out. Meinungen aber sind in. So verstrickt sich die Pädagogik in Probleme, die sie nicht hätte, wenn noch ein bisschen Hausverstand am Werke wäre.

Präsentation (Subst.), die – häufig auftauchend in der englischen Variante presentation. Ersetzt heute oftmals die Didaktik. Noch vor ca. 30 Jahren machten sich Lehrer schwere Kopfzerbrechen von etwa folgender Art: Um welche (→) Inhalte geht es? Handelt es sich um einen Bildungsinhalt? Worin liegt der Bildungsgehalt dieses Inhalts? Welchen Stellenwert nimmt dieser Bildungsinhalt im Gesamtgefüge des Lernenswerten ein? Wofür – das heißt, für welche wichtige Angelegenheit – steht dieser Inhalt exemplarisch? Wie (Methodik) vermittle ich diese Sache? Solche Fragen geraten heute vielfach in Vergessenheit. Die Techniken der Präsentation verdrängen diese. Hinter der Präsentationstechnik verschwindet der sachliche Gehalt des Präsentierten. Vor allem in den im Rahmen der Lehrerbildung zu erhaltenden Übungsstunden gerät die Präsentation zur performance. Die Lehrerin/Der Lehrer will glänzen, nicht der Inhalt. Sperrige Inhalte (Gegen-Stände), von welchen man meint, dass sie gar nicht glänzen könnten, werden dergestalt oftmals »außen vor« gelassen, kommen gar nicht vor: die (→)

Rechtschreibung, die Grammatik, die Zinseszinsrechnung (nicht einmal im Wirtschaftsstudium) u. a. m. Stattdessen wimmelt es von Folien, Bildern, Arbeitsmaterial, power-point-presentations. Im Laptop konstruiert sich ein rechtwinkeliges Dreieck von selber. Nur – wie diese Konstruktion entstanden und da hineingeraten ist, weiß niemand. Ohne Computer vielleicht? Die sogenannten Präsentationstechniken und die damit verbundenen performances dürften den Marketing-Methoden der Industrie abgeschaut sein.

Projektunterricht (Subst.), der – grammatisch so wie (→) Unterricht, sonst aber ganz anders. Projektunterricht ist schon so wie der sogenannte Offene Unterricht im Stande, den normalen Unterricht lahm zu legen. Er ist praktisch geeignet, weil theoretisch auch so konzipiert, dass kein Unterricht stattfindet. Im Projektunterricht lernt man so wie im Leben, also wenn man vor einem Problem steht, bei dem man sich nicht auskennt. Im Grunde kann alles zu einem Projekt werden. Wer bei IKEA ein Eckregal für die völlig unnötige Bibliothek kauft, hat nicht nur ein Problem, sondern auch ein Projekt. Das wird nicht geliefert, sondern eigenständig nach Hause mitgenommen (Rücksitze im Auto umgeklappt) und eigenhändig zusammengeschraubt. Wenn man es kann, genügen zwei Hände. Wenn nicht, braucht man drei, jedenfalls einen Imbus-Schlüssel. Der Projektunterricht wurde in den USA erfunden und an Millionen von Schülern getestet. Das Ergebnis war immer positiv. Auch die Atombombe wurde an Hunderten von amerikanischen Soldaten getestet. Das Ergebnis war auch positiv. Keiner hat es überlebt. Ein gewisser George Bush war auch so ein typischer Projektschüler. Für ihn war zwar alles ein Problem, aber da er keines gelöst hatte, gab es weitere Projekte: Iran-Projekt, Afghanistan-Projekt, Irak-Projekt, von den vielen kleinen afrikanischen Projekten wollen wir hier gar nicht reden. Beim Projekt lernt der Schüler selber, sonst nicht. Das macht ihn selbstständig und autonom. Ganz autonom gehen dann 50 Prozent der Amis gar nicht zur Wahl, weil sie nicht wissen, was eine Wahl ist. Sie hatten kein Wahlprojekt. Der Projektunterricht bereitet die Schüler vor auf ihre zukünftige Existenz als Projektnehmer, z.B. Autowäscher oder Popsänger. Einer von denen hatte ein ehrgeiziges Projekt: Er wollte von Schwarz auf Weiß umschulen, was er aber nicht überlebt hat. »Er hat das Bleichmittel nicht vertragen« (Rolf Miller): ein Projekt seines Haus(t)arztes.

Ranking, das (Subst., englisch) – auf Deutsch soviel wie Rangreihung oder – im Ergebnis – Rangliste. Dem wenig berühmten österreichischen Anthropologen A.S. nach eine der unverrückbaren Eigenschaften unserer Gattung überhaupt. Tiere machen das zwar auch, fechten Rangkämpfe aus, kämpfen um die Vorherrschaft im Rudel (Ansammlung von Hirschen und Hirschkühen, Löwen und Löwinnen, Auerhähnen und Auerhähninnen etc.), aber sie wissen es nicht. Sie publizieren die Ranglisten auch nicht. Das Ganze bleibt gewissermaßen unter ihnen. Ein Hirsch gewinnt, darf die Kühe begatten (wenn er dazu noch die Kraft hat), aber darüber spricht man nicht. Und das ganze Schlamassel führt auch nicht zu politischen, geschweige denn bildungspolitischen Aufregungen.

Ranglisten sind das Ergebnis von rituell veranstalteten Rangreihungskämpfen. Das beginnt schon ca. 800 v. Christus im alten Griechenland: Olympia. Und es setzt sich fort bis heute: Immer noch Olympische Spiele, Championsleague, ATP-Rangliste, WBA-Rangliste und so weiter und so fort. Internationale Ratingagenturen bewerten seit Neuestem gleich ganze Länder auf ihre Güte (Bonität) hin. Daran führt kein Weg vorbei. Wir werten und bewerten immer. Das fängt schon beim Essen an: schmeckt oder schmeckt nicht. Ist auch ganz wichtig bei der Partnerwahl: ist schön, reich, gesund, verträglich oder nicht, kann kochen, eine Familie ernähren oder nicht. Mit ihr oder ihm kann man sich in Gesellschaft zeigen oder nicht. Auch bei der Wahl des fahrbaren Untersatzes ganz wichtig: macht Eindruck oder nicht. Beim Fliegen gibt es nur drei Rangstufen: Economy, Business oder Privatjet – also eigentlich nur zwei.

Das ganze Leben lebt vom Ranking. Diesbezügliche Vorwürfe an Charles Darwin entbehren daher jeder Grundlage. Die Hochform des Rankings ereignet sich beim IQ-Test: hohe Intelligenz (z. B. Genie) oder Politiker. Das wird aber aus Anstandsgründen nicht veröffentlicht, aber trotzdem manchmal sichtbar. Von den vielen anderen Rankings wie z. B »Germanys next top model« oder anderen Schönheitskonkurrenzen wollen wir hier nicht reden, schon gar nicht von den maskulinen Varianten: z. B.»the strongest man«. Man könnte hier fortsetzen, aber das verbietet der gute Geschmack. Somit ist es ziemlich verwunderlich, dass das ganze Ranking- und Ratingzeug erst jetzt so richtig und auch offiziell auf das Bildungswesen übergreift: (→) PISA, TIMSS etc.

Rechtschreibung (Subst.), die – Kunst, welche von denjenigen, die sie noch beherrschen, auch Orthographie genannt wurde. Wurde rund 200 Jahre lang in sogenannten »Schulen« traktiert. Auch die Jugend wurde damit sinnloserweise traktiert, bis man auf die Idee kam, dass das sowieso nie irgendjemand lernen wird. Damit hat man die Regeln dieser Kunst der freien Kreativität überantwortet. Die Linguisten und Sprachwissenschafter haben dazu die Legitimation geliefert, weil sie draufgekommen sind, dass sich Rechtschreibregeln im Laufe der Geschichte ändern. Daraus hat man dann den Schluss gezogen, dass es, weil es so ist, auch fürderhin so weitergehen soll. Rechtschreibung ist heute ein sinnloses Wort.

Reifeprüfung (Subst.), die – quasi eine zivilisierte und wissenschaftlich aufgemotzte Form dessen, was die Ethnologen »Übergangsriten« (rites des passage) nennen. Findet in diesen zivilisierten Ländern erst mit dem 18. Lebensjahr statt und hebt den jungen Menschen von einem tieferen Status in einen höheren. Genaugenommen soll aus einem unmündigen und der Belehrung bedürftigen Schüler nach vollzogenem Ritus ein mündiger und nicht mehr der Belehrung bedürftiger Student werden, der – so dachte sich das W. v. Humboldt – nun selbstständig forscht und die Wissenschaft weiterbringt. In archaischen Kulturen gab es etwas ähnliches, aber schon mit Eintritt der Geschlechtsreife. So wurde z. B. aus einem kleinen Apachen ein Krieger, aus der kleinen Apachin eine gebrauchsfertige Ehefrau und daher auch Mutter. In diesen Kulturen waren diese Übergänge meist mit körperlichen Strapazen und auch Mutproben verbunden, v.a. bei den männlichen Jugendlichen. So wurde z.B. das »Bungy-Jumping« angeblich nicht von Kärntner Eventveranstaltern erfunden, sondern schon viel früher von den Papuas auf Neuguinea. Die hatten keine Gummiseile, sondern nur aus Bambus geflochtene und sprangen auch nicht von Autobahnbrücken, sondern von Bäumen, was nicht nur Mut erforderte, sondern auch starke Gelenke.

Die moderne Reifeprüfung wird zwar auch noch so aufgezäumt, dass so manche Kandidaten ins Schwitzen kommen, eine wissenschaftliche und erwachsene Reife ist aber selten das Ergebnis. Daher geht es dann auf der Uni ungefähr so weiter wie in der Schule. Das Ergebnis ist dann kein richtiger Akademiker, sondern ein Bachelor bzw. eine Bachelorette.

Da ein paar ältere Leser dieses Wörterbuches mit »Reifeprüfung« vielleicht auch den gleichnamigen Film aus dem Jahre 1967 assoziieren könnten, sei auch dazu noch eine kleine Anmerkung erlaubt. »The Graduate« meinte keinen Maturanten, sondern bereits einen Bachelor. Ben Braddock (Dustin Hoffman) wird hier von Mrs. Robinson (Anne Bancroft) der wirklichen Reifeprüfung unterzogen. Die sexuelle Reifeprüfung fand also in den USA so mit ungefähr 22 Jahren statt. Heute ist das früher. Das entsprechende Ritual darf daher nicht von erwachsenen Frauen vorgenommen werden, sondern findet mit Gleichaltrigen statt und zwar ohne Zeremoniell – quasi abenteuerlich.

Die altüblichen religiösen Reifeprüfungen wie Firmung oder Bar Mitzwa finden allerdings nach wie vor mit Eintritt der Geschlechtsreife statt (aus verständlichen Gründen). Sie haben deutlich mehr Zeremoniell, bringen aber weniger religiöse Reife hervor. Bei der christlichen

Taufe muss der Täufling aber gar nichts machen oder können. Der Vorgang ereignet sich ohne sein Wissen. Er wird am Kopf befeuchtet, damit der Name besser kleben bleibt. Der Lexikograph will sich hier aus Gründen der Unkenntnis nicht weiter verbreitern.

Schicht (Subst.), die – gemeint sind hier selbstverständlich nicht die Erdschichten, die da von der Wiese bis zum Magmakern reichen, auch nicht die Schichten, welche man sich bekleidungsmäßig anlegt, also vom Unterhemd bis zum Sakko, sondern die sozialen Schichten, welche sich Gesellschaften anlegen, damit sie's warm haben. Die untere Schicht ist auch hier ganz wichtig, denn sie schwitzt, damit die obere Schicht fein und trocken bleibt. Damit die Oberschicht nicht ganz vertrocknet, trinkt sie gern Champagner, die unterste Schicht aber lieber Bier, damit sie besser schwitzt – am Bau, in der Kohlengrube oder sonst wo.

Gesellschaften kommen ohne Schichten nicht aus. Sonst wäre alles gleich, was aber nicht lustig ist. Da die Schichtung über Geburt und Herkunft nicht mehr richtig funktioniert, hat man das Bildungssystem erfunden, welches nun diese Schichtung besorgen soll. Die Oberschicht besucht die zumeist katholischen Privatgymnasien oder Waldorf-Schulen, die Unterschicht die Haupt- oder Sonderschulen. Da aber die Unterschicht nicht ständig schwitzen will, will sie auch in den Bereich der Oberschicht, wo es elegant und trocken zugeht. Und weil die Unterschicht quantitativ überlegen ist, tun sozialdemokratische und vor allem auch grüne Politiker so, als wären sie gewillt, auch die Unterschicht zur Oberschicht zu machen. Natürlich tun sie nur so als ob, weil sie ja selber zur Oberschicht gehören. Sie treten daher für die (→) Gesamtschule, neuerdings auch Neue Mittelschule genannt, ein, in welche sie aber ihre eigenen Kinder nicht schicken. Denn sonst wären sie ja blöd und Angehörige der Unterschicht. Die Gesamtschule bzw. NMS sorgt im Grunde viel besser für die vorgesehene soziale Schichtung als das derzeitige Bildungssystem, in welchem ohnehin fast alle im Gymnasium waren.

Schlüsselqualifikation (Subst.), die – wie das Wort schon so schön sagt, eröffnet Schlüsselqualifiziertheit die Türen zu allen anderen Qualifikationen, die man in der sich beschleunigt verändernden Welt braucht. Hoffentlich muss man nicht demnächst einen atomar verseuchten Hirsch mit Pfeil und Bogen erlegen, damit man zu essen hat, denn daran ist bei diesem Begriff sicherlich nicht gedacht. Der schlüsselqualifizierte Mensch – so könnte man sagen – kann zwar nichts Besonderes, ist aber zu allem fähig – zumindest fähig, die jeweils nötigen Fähigkeiten schnell zu erwerben. Er ist flexibel, mobil und prinzipiell überall einsetzbar. Eines aber stört diese allgemeine Einsetzbarkeit: (→) Charakter. Der charaktervolle Mensch will nicht alles tun, kann nicht alles, weil er nicht alles lernen will, hat Profil und Konturen, das heißt auch Grenzen. Grenzen sind aber in einer grenzenlosen, globalisierten Welt nicht erwünscht. Es gibt nur mehr eine Grenze: er ist verfügbar oder nicht. Was man mit Charakteren in Zukunft macht, ist noch nicht ganz geklärt. Ein paar wenige wird es immer geben. Man könnte sie – wie in Huxleys »Schöner neuer Welt« – aussetzen oder wie bei Orwell einer Gehirnwäsche unterziehen. Wahrscheinlich wird man sich für Letzteres entscheiden. Die Instrumentarien dafür sind voll entwickelt. So grausam wie bei Orwell sind sie gar nicht.

Schulausflug (Subst.), der – es gibt ihn noch, häufiger sogar als in früheren Zeiten, aber das Wort ist aus der Mode gekommen. Man sagt jetzt lieber Exkursion (das Lateinische erfreut sich einer gewissen Beliebtheit, was die Leitbegriffe der Schulpolitik anlangt, man denke an Mobilität, Flexibilität, Qualifikation, Evaluation … als Schulfach hat es aber ausgedient). Findet meist im Rahmen sogenannter Projekte statt. Die zweite Variante des Schulausflugs ist der Wandertag. Exkursion bedeutet aber auch so viel wie Ausflug. Nur ist sie mit einer pädagogischen Absicht verbunden. Man besichtigt etwas, z. B. mit Zehnjährigen eine Schiele-Ausstellung, nach der die meisten Schüler deprimiert nach Hause gehen. Der Wandertag ist dagegen eine ziemlich antiquierte Angelegenheit. Dürfte wahrscheinlich aus der Wandervogel-Bewegung des frühen zwanzigsten Jahrhunderts stammen. Damals hatten beim Wandern noch alle Schüler frohe und deutsch-fromme Lieder gesungen, z. B. »Hoch auf dem gelben Wagen, sitz' ich beim Schwager vorn«. Heute latschen sie in ihren Diesel-Jeans und Reebok-Schuhen lustlos durch die Gegend. Der Begriff des Ausflugs ist grundsätzlich klärungsbedürftig: Die Schule selber fliegt nicht aus. Sie bleibt dort stehen, wo sie steht. Nur die Schüler fliegen aus – aber auch nicht im Wortsinne, sonst müsste man ihnen ja einen Tag frei geben. Der Schulausflug findet also schon im Rahmen der Pädagogik statt, nur außerhalb des Hauses. Er ist Ausdruck des schlechten Gewissens der Schulbürokratie. Irgendwie ahnt sie, dass man junge

Leute nicht Tag für Tag in diesem Gebäude halten kann. Trotzdem muss man sie aber erziehen. Daher dient der Schulausflug – so wird uns versichert – der Sozialerziehung, der Gemeinschaftsidee und der Möglichkeit der Kinder einzusehen, dass Lehrer auch Menschen sind.

Schuldirektor (Leiter) (Subst.), der – ein Grad höher als ein gewöhnlicher Lehrer, weil er sich durch umtriebige Parteiarbeit und diverse Intrigen in diese Position hineinmanövriert hatte, in welcher er nun wirklich nicht mehr unterrichten muss, also das bleiben lassen kann, was ihm sowieso noch nie gelegen ist. Von der Würde her gesehen steht er allerdings einen Grad tiefer als der Schulinspektor, was aber weiters keine Rolle spielt, weil er mit diesem ohnehin politisch verhabert ist. Noch einen Grad höher als der Schulinspektor steht allerdings der Amtsführende Präsident des Landesschulrates, dessen Unterrichtserfahrungen in der Regel 25 Jahre zurückliegen. Der unterscheidet sich wiederum vom Unterrichtsminister, der von der Sache, dem Ressort, welches er leitet, absolut keine Ahnung hat. Die Aufgabe des Schuldirektors war es hierarchiegemäß bisher, einen Lehrkörper von – sagen wir mal – 50 Lehrern zu dirigieren, und dies gemäß den Anordnungen von übergeordneten Instanzen, die auf Grund von nach oben abnehmenden Kompetenzen als dazu befähigt galten. Dass dem Direktor das nicht gelungen ist, lag auch daran, dass er sich eben einem 50-köpfigen Lehrkörper gegenübersah, der nur so tat, als würde er tun. Zumeist hatte er auch noch einen Administrator bei bzw. gegen sich, der sich in Organisationsfragen besser auskannte, mit der Basis stärker verbandelt war und den er daher nicht vergrämen durfte. Ihm verblieb also die Einberufung von Konferenzen und die Abhaltung diverser festlich sein sollender Ansprachen. So konnte es also nicht weitergehen. Deswegen erfand die Bildungsbürokratie neue Techniken der Personalführung – selbstverständlich nicht selber, sondern unter Beiziehung von externen Spezialisten, sogenannten Personal- und Organisationsberatern. Aus dem Direktor wurde ein Schulleiter bzw. Schulmanager. Die politischen Abhängigkeiten blieben allerdings. Nur wird man Schulleiter heute nur noch nach Durchlaufen der diversen Kurse einer sogenannten Leadership-Academy, in welcher man Führerqualitäten erwirbt, die den Methoden der sogenannten Unternehmensführung entsprechen. Das Blöde daran ist, dass Schulen trotzdem keine Unternehmen sind.

Schüler/in (Subst.), der /die – seltsames Wesen, das offenbar noch nicht ist, was es werden soll. Kann zunächst fast nichts, dann manchmal etwas mehr, wird dann vielleicht Student/in, studiert aber nicht im eigentlichen Sinne, sondern lernt bestenfalls nicht verstandene Skripten »auswendig«. Das Wichtige ist dabei, dass er/sie das, was er/sie lernt, wirklich auswendig lernt, inwendig wäre zu viel verlangt.

Selbst (Subst.), das – Jolly-Joker für alle Modewörter der heutigen Pädagogik. Kann man fast überall hinzusetzen und sticht immer: Selbstbestimmung, Selbstlernen, Selbstbeurteilung, Selbstkompetenz, Selbstmotivation, das »Selbst sein, das man in Wahrheit ist« u. s. w.; der

Autor dieses Wörterbuches ist über 60 Jahre alt und weiß noch immer nicht, was er in Wahrheit selbst ist. »Ich erforschte mich selbst« – so sagte ein gewisser Heraklith. Das Ergebnis blieb er uns aber schuldig. Vielleicht sind wir wirklich nichts anderes als Konglomerate unserer genetischen Ausstattung, unseres Milieus, unserer Lernerfahrungen, unserer Begegnungen mit anderen, die wir nachgeahmt haben, weil sie irgendwie imponierend waren u. s. w.; wie oft haben wir schon unsere Identität gewechselt und sprechen immer noch von uns als einem »Ich«? Wir sind im Werden, werden anders, aber eine in unserem neuronalen Apparat eingebaute Rückkoppelungsschleife sorgt dafür, dass wir uns am nächsten Morgen immer wieder als »Ich« erleben. Auch mein Reisepass sorgt dafür, dass ich weiß, wer ich bin. Die sich im Laufe eines Lebens angesammelt habenden Dokumente ebenso. Man sollte die Wichtigkeit dieser offiziellen Dokumente nicht unterschätzen. Sie geben Sicherheit, nicht nur den Behörden des Staates, sondern auch uns. Der Spiegel hilft immer weniger, und die Jugendfotos können uns in Zweifel, wenn nicht gar in Verzweiflung bringen. Das soll ich gewesen sein? Das kann doch nie meine Weltanschauung gewesen sein. War es aber. Was soll also die Rede von der Identität und der Bildung zur Identität bedeuten? – Eine Abwehrreaktion gegen die an und für sich normale Neigung des Menschen zur Schizophrenie.

Es gibt allerdings – das muss hinzugefügt werden – Individuen, die tatsächlich ein ganzes Leben lang sie selbst bleiben, was man oft bei Klassentreffen feststellen kann: Der redet immer noch so, wie vor 45 Jahren, schaut sich auch noch ähnlich, ist also gegenüber jeder Bildungszumutung standhaft geblieben.

Sexualerziehung (Subst.), die – so wie Erziehung insgesamt, nur auf den Gebrauch der Geschlechtsorgane bezogen. Überwölbt wird das ganze Unternehmen mit der jeweils zeitgeistabhängigen (→) Moral und der entsprechenden Semantik. Eigentlich ein überflüssiger Eintrag in diesem geistreichen Wörterbuch, denn man kennt das eh alles. Onanieverbot, weil sonst das Rückenmark schwindet und überhaupt alles zu Schanden geht, Geschlechtsverkehr nur in der Ehe, dann wiederum ist Geschlechtsverkehr erlaubt, aber nur mit Kondom und vor allem mit partnerschaftlicher Gesinnung. Da der Vorgang als solcher seit einigen Jahren ohnehin drastisch auf diversen Internetseiten gezeigt wird, braucht man über die technischen Details nicht mehr reden und auch die entsprechenden Video-Shops werden vermutlich bald in Konkurs gehen. Was macht man da sexualpädagogisch? Es genügen im Grunde wenige Bemerkungen: 1. geschmacklos, 2. ein Geschäft und 3. trotzdem nicht uninteressant. Ersteres ist ein bisschen unglaubwürdig, weil der Sexualpädagoge das nicht wüsste, wenn er es nicht selbst genossen hätte, und das Zweite ist sowieso trivial. Weil dem so ist, gibt es – quasi als Widerstand gegen die Verhältnisse – einen schwachen Trend zur sexuellen Enthaltsamkeit unter den Jugendlichen, jedenfalls stellen Sexualforscher das fest, der Lexikograph glaubt es allerdings nicht.

Spaß(-Schule) (Subst.), die – seit ca. 20 Jahren ist es irgendwie Mode geworden, dass Schule und Unterricht Spaß machen sollen. Vor allem in der Pflichtschullehrerausbildung wird die Qualität einer Probeunterrichtsstunde oftmals daran gemessen, ob sie den Kids Spaß gemacht hat oder nicht. Ob die Kleinen durch diese Probestunde

etwas klüger geworden sind, interessiert nicht. Keinesfalls soll hier bestritten werden, dass Unterricht mitunter
auch Spaß machen kann. Grammatische Satzanalysen
machen zwar nicht gerade Spaß, aber können durchaus
spannend sein. Eine Schachpartie – so wird man sagen
können – ist zwar auch nicht spaßig, aber spannend
kann sie schon sein. Didaktisch wird im Spaßunterricht
zumeist darauf vergessen, dass Lernen eine Arbeit gegen
sich selbst ist, gegen die vorgefassten Meinungen, aber
auch gegen die eigene Ahnungslosigkeit. Man kann hier
ohne weiteres beim Schachbeispiel bleiben: Wer seine
Züge nach Spaß und Laune setzt, hat schon verloren. So
mancher Zug wäre verführerisch – blöderweise ist dann
die Dame weg. Im Grunde sollte schon das Wort »Spaß«
in der Schulpädagogik verboten werden. Witz bzw. wie-
nerisch »Schmäh« allerdings nicht. Man kann es auch
anders sagen: Die Pointe, ohne die ein Witz nicht aus-
kommt, sollte schon ab und zu da sein. Auf Spaß kann
man verzichten. Den überlassen wir dem Villacher Fa-
sching und anderen spaßigen Veranstaltungen. Spaß ist
so viel wie Lustig-Sein ohne Witz.

Stille (Subst.), die – kommt im Normalschulbetrieb eigentlich nicht mehr vor. Ist einfach zu leise. Die stille
Konzentration auf eine mathematische Aufgabe oder
die stille Versenkung in ein Gedicht von Rilke gibt es
nicht mehr. Zu meiner Zeit gab es noch die sogenannte
»Stillarbeit«. Diese wurde allerdings selten aus didaktischen Gründen veranstaltet, sondern z. B. weil der
Lehrer den Schulmilchverbrauch abrechnen musste,
oder schlicht deswegen, weil er gerade Kopfweh wegen
des Vorabends hatte.

Aber es hatte schon etwas Reizvolles: dieses stille Kratzen der Füllfedern, auch dieses stille »Sichzulispeln« dessen, wie die Aufgabe (heute: Problem) gelöst werden muss. Oder auch die stille Miene einer Mutter beim Elternsprechtag, wenn ihr erklärt wurde, wieso ihr Sohn eine Klasse wiederholen muss. Das »Geläut der Stille« (M. Heidegger) hört man kaum noch irgendwo. Man kann über die Stille auch nicht sehr viel mehr sagen, weil sie praktisch nichts hergibt. Stattdessen gibt es an den Schulen Jubel, Trubel, Heiterkeit, meist aber nur Trubel. Vielleicht irrt man sich ein bisschen, wenn man meint, dass dort, wo Stille herrscht, nichts los ist. Die neuen Laptop-Klassen beweisen es. Dort hört man das Geläut der Stille: als leises Klicken der Computertastaturen.

Strafe (Subst.), die – so wie (→) Belohnung, nur umgekehrt, jedenfalls eine Sanktion für eine Tat, die andere (in der Regel Übergeordnete, sonst nennt man das Ding »Rache«) für eine Missetat halten. Da sich diese für eine Missetat gehaltene Tat nicht wiederholen soll, wird sie mit einer für den Missetäter unangenehmen Reaktion beantwortet. Die Strafe funktioniert so wie die Belohnung, nach dem Prinzip des bedingten Reflexes, ist also eine Form der Konditionierung. Von der Konditionierung (Erziehung) des Hundes unterscheidet sich die Strafe dadurch, dass sich das »educandus« genannte Kind dabei auch etwas denkt; man weiß aber nicht genau, was es sich denkt, weil man ja bei Menschen nie genau weiß, was sie sich denken. (Selbst dann, wenn sie es sagen, könnte es sein, dass sie lügen.) Beim Hund hingegen ist man geneigt anzunehmen, dass er sich nichts denkt.

Strafen sind im Prinzip unvermeidlich, weil Argumente meist nichts fruchten, außer sie sind mit der Androhung von Strafe verbunden, was Argumente in der Regel ja auch sind. Die Androhung von Strafen bzw. Folgen von Fehlverhalten im Rahmen der Erziehung geschieht meist in humaner Form. Man sagt den zu Erziehenden, dass ansonsten – also bei weiterem Fehlverhalten – alles Schlechte des Erdenlebens drohe: z. B. Aids, Arbeitslosigkeit (was aber kaum jemanden abschreckt), Ehelosigkeit (was auch kaum jemanden bedrückt), Gefängnis, sogar Tod; welcher aber sowieso droht – auch bei Wohlverhalten. Trotz derartiger Einsichten funktioniert das Strafsystem weitgehend gut. Menschen sind gefügig.

teaching to the test (Subst.) – einer der Hauptkritikpunkte an (→) PISA und den damit verbundenen Bildungsstandards. Nicht ganz klar ist, wieso man nicht für das Bestehen des Tests unterrichten sollte. Woher die Zweifel kommen, dass man vielleicht dieses und jenes unterrichten sollte, aber gleichzeitig etwas anderes prüfen, weiß der Autor des Wörterbuchs auch nicht. Wäre es nicht ein bisschen unfair, etwas zu prüfen, was vorher gar nicht vorgekommen ist? Ich unterrichte zwar in Geschichte den 2. Weltkrieg, frage dann aber bei der Prüfung nach dem Wesen der Renaissance?!

Tradition (Subst.), die – lange Zeit über das Hauptgeschäft der Pädagogen. Man übergibt (tradere, lat.) einen Wissens- und (→) Tugendbestand der nachfolgenden Generation, auf dass sie ihn bewahre und vermehre. Davor kann keine Rede mehr sein, da sich da schon zu viel angesammelt hat und daher auch ein starkes Auswahlproblem besteht. Mehrere Jahrzehnte lang hat man auch darüber gestritten, was jetzt aus diesem Wust vermittelt werden sollte (→Lehrplantheorie/Curriculumforschung). Jetzt hat man diesen Streit beigelegt, weil die Verantwortlichen selber von Tradition keine Ahnung mehr haben. Völlig unbelastet von jeglicher Tradition erfinden sie daher kompetenzbasierte Bildungsstandards und vor allem die sogenannten (→) Schlüsselqualifikationen. Dass sie dabei lateinische Vokabeln verwenden, bemerken sie nicht, weil sie meinen, dass Qualifikation (qualification) und (→) Kompetenz (competence) sowieso aus dem Englischen kommen und Basis (base) auch Englisch wäre, obwohl es aus dem Griechischen kommt. Die »Base« (Cousine) ist allerdings etwas ganz anderes und hat mit einer Raketenbasis gar nichts zu tun.

Tugend (Subst.), die – vor vielen Jahrzehnten und Jahrhunderten quasi das Erziehungsziel schlechthin. Wortgeschichtlich kommt es von »taugen«. Etwas oder jemand taugt für etwas. Ein Jemand z. B. für eine bestimmte Tätigkeit. Dann ist er tauglich und damit tugendhaft. Die alten Griechen sagten dazu areté. Heute sagt man eher (→) Kompetenz. Areté erinnert stark an Ares, den Gott des Krieges. Gemeint war damit nicht nur Kühnheit (Tapferkeit), sondern auch List und Tücke. Bei der Kompetenz dürfte es sich ähnlich verhalten. Erst die Christen verformten dann den Tugendbegriff so, dass praktisch nichts mehr heraussprang. Demut wäre z. B. eine Tugend. So sagten sie. Nietzsche sagte dann ganz richtig: Ja, schon, aber eine Tugend für Sklaven. Bescheidenheit, Anspruchslosigkeit und anderes mehr könnte man hier miterörtern. Da aber der Lexikograph mit Demut und Anspruchslosigkeit gar nichts am Hut hat, überlässt er dieses den christlichen Lesern, die es aber wahrscheinlich nicht geben wird.

üben (Verbum) – über Jahrhunderte hinweg aus dem unterrichtlichen Zusammenhang nicht wegzudenken. »Übung macht den Meister« – so hieß es. Heutzutage wissen wir es besser: Übung macht stur, einfallslos, brav und gehorsam. Was wurde damals nicht alles geübt: das Einmaleins, die korrekte Schreibung von Wörtern und ganzen Wortfamilien, die grammatischen Regeln des Satzbaues, im Turnen die Kippe am Hochreck u. s. w. Übung braucht viel Zeit, zu viel Zeit in unserer schnelllebigen Zeit. Die ist dann verloren für das Erlernen z. B. der IT-Kompetenzen. Vor allem geht durch den Rechtschreibdrill das Vertrauen in das Rechtschreibprogramm des Computers verloren. Und wer würde einen Taschenrechner kaufen, wenn er 15,3 auch ohne diesen mit 3 multiplizieren könnte?
Aber angeblich sinkt auch das Ausmaß der (→) Kreativität der Kinder, wenn sie auf regelhaftes Schreiben und Rechnen eingestellt sind. Daher gilt es, sie in möglichst »offenen« Situationen zu kreativem Verhalten zu verlocken. Dies übrigens durch Lehrer, die selber noch nie einen kreativen Einfall hatten. Sehr leicht vergisst man dabei, dass auch der Umgang mit dem PC geübt werden muss und dass der Gehorsam jetzt der Maschine gilt und nicht mehr der Lehrererklärung. Offensichtlich ist es menschlicher, den Anweisungen einer Maschine zu folgen als den Vorgaben eines Erwachsenen.

Universität (Subst.), die – seltsame Großveranstaltung, die ihr Problem daraus bezieht, dass bildungspolitisch möglichst alle einen akademischen Grad erreichen sollen, andererseits aber nicht alle in diese Anstalt hineinpassen. So werden die Unis gezwungen, Studieneingangsprüfungen abzuhalten, was aber wieder auf die Senkung der Akademikerquote hinausläuft, was aber auch nicht sein darf. Auch Studiengebühren gelten als probates Mittel, viele vom Besuch dieser Anstalt abzuhalten, was aber wiederum durch Stipendien verhindert werden soll. Da diese Stipendien aber nicht ausreichen, sind viele Studierende gezwungen, sich weniger studierend als vielmehr arbeitend (in Call-Centern und in diversen Gastronomiebetrieben etc.) zu verhalten, was aber auch dem angestrebten Ziel des Bachelortitels (zu erreichen in sechs Semestern) widerspricht. Mit Studieren, das heißt, sich für einige Jahre »ganz der Wissenschaft zu widmen«, wie Wilhelm von Humboldt sagte, hat dieser Betrieb also wenig zu tun. Vielmehr geht es darum, »Scheine« bzw. EC-Punkte zu sammeln, und möglichst bald wieder zu verschwinden. Wie konnte man nur auf die Idee kommen, ein »Volk« von Akademikern zu schaffen (angepeilte Quote sind mindestens 40 %)? Wer räumt dann den Müll weg? Wer repariert meine Waschmaschine? Ein Master aus Philosophie vielleicht? Da hätte ich doch lieber einen tüchtigen Meister oder auch nur Gesellen. Einen Vorteil allerdings hat diese Politik: Man kann sich als Akademiker mit Taxifahrern, die Politikwissenschaft studiert haben, ganz angenehm über das Afghanistan-Problem unterhalten, obwohl man eigentlich nur vom Karlsplatz zum Reumannplatz wollte.

Unterricht (Subst.), der – an und für sich eine simple Angelegenheit. Jemand, der etwas weiß und kann, zeigt, erklärt, erzählt dieses einem Jemand, der sich nicht auskennt, der also nicht weiß, wie eine Sache aussieht, geht und worin sie besteht. Es gibt Lehrs, die das (→) Zeigen, (→) Erklären und (→) Erzählen beherrschen. Viele beherrschen es nicht, weil sie die Sache, um die es geht, nicht kennen und sie deshalb auch nicht erklären können. Schon vor rund 40 Jahren kam das Unterrichten in Misskredit, weil es etymologisch mit »Richten« und vor allem mit »unter« zu tun hat. Das Unterrichten – so meinten die kritischen Pädagogen – wäre eine Form von Herrschaftsausübung durch Angestellte der herrschenden Klasse, nach welcher die Unterrichteten glauben sollten, dass 3 x 3 = 9 sei und dass Goethe ein bedeutender Schriftsteller gewesen sei. Der Unterricht geriet somit unter Autoritarismusverdacht. Daher musste er »kritisch« werden. Damit er kritisch werden konnte, musste alles »hinterfragt« werden. Lehrer fühlten sich schlecht, wenn Schüler meinten, dass 3 x 3 wirklich 9 ergäbe. Wenn ein Schüler Goethe las und dies auch noch zugab, wurde er gefragt, ob er nicht wüsste, dass der alte Geheimrat ein Vertreter der herrschenden Klasse gewesen sei. Vor allem die Orthographie geriet in ein schiefes Licht, weil »orthos« (griech.) »richtig« heißt, aber eine willkürliche Verordnung von Machthabern wäre. Der Dialekt wurde aufgewertet. Man verwechselte aber den Dialekt, der eine durchaus anspruchsvolle Angelegenheit sein kann, zumeist mit dem Soziolekt. Eine Rechtschreibreform fügte sich – nicht logisch, sondern zeitlich – an die andere. Offene Unterrichtsformen lösten die alte (→) Lernzielorientierung ab.

Unterricht, selbstorganisierter (Subst.), der – so wie (→) Unterricht allgemein, nur sonst ganz anders. Der selbstorganisierte Unterricht ist eine Art Mischung aus (→) Projektunterricht, Gruppenunterricht und schülerorientiertem Unterricht. Ziele, (→) Inhalte (?), Tätigkeitsformen werden, wie schon im Projektunterricht, von den Schülern (sprich: Lernern / Lernerinnen) selbst, nämlich demokratisch (die Mehrheit hat Recht) festgelegt. Was die Betroffenen so machen, ist dem Lehrer ziemlich egal, außer wenn es ihm nicht passt. Der Lehrer greift hier nur dann ein, wenn dabei etwas herauskommt, was ihm nicht gefällt. Der Lehrer versteht sich hier als »facilitator«, Coach u. ä., jedenfalls nicht als Lehrer. Denn das wäre autoritär, kinderfeindlich und sowieso der grenzenlosen Kreativität der Lerner abträglich. Im Grund könnte der Lehrer nach Hause gehen und die Lerner einfach machen lassen, was sie wollen, wenn nicht die Gefahr bestünde, dass immer wieder einer von den Lernern fragen würde: »Was machen wir da überhaupt?« Deswegen bleibt der Lehrer da und coacht das bunte Treiben der Lerner/innen, die sich hier fit machen für die nicht vorhandenen Arbeitsplätze.

Selbstverständlich findet der selbstorganisierte Unterricht in der Schule statt, denn privat (zu Hause) könnte sich der Lerner nicht selbst organisieren, weil er ja allein wäre. Selbstorganisation kann stattfinden, wenn andere Lerner da sind, die Verschiedenes sagen, wenn es um die Frage geht, worum es überhaupt geht. Der Lerner/die Lernerin hat sich hier als Konstrukteur/Konstrukteurin seiner/ihrer eigenen Wirklichkeit zu verstehen. Das ist schon so wie bisher mit der sogenannten Meinungsfreiheit. Man hat sie zwar, aber es kommt immer darauf an, bei was. Das Lernen versteht sich hier als Erwerb von

»Problemverständnis und Lösungsfähigkeit, also um die Voraussetzung für weiteres Problemverständnis und Lösungsfähigkeit im weiteren Leben«, also als Voraussetzung für die Anpassungsbereitschaft an das, was dabei herauskommt, wenn sich die Leute ihre Weltsicht selbst konstruieren. Der Prozess ist im Grunde unendlich, muss aber – organisationssoziologisch – einmal enden, weil irgendjemand da sein muss, der die Arbeit macht.

Vorbild (Subst.), das – als der Autor dieses gelehrten Werks 15 Jahre alt war, fragte der Religionslehrer einmal uns Schüler, welche Vorbilder wir hätten. Ich nannte George Orwell, weil das Entstehungsjahr seines wichtigsten Buches mit meinem Geburtsjahr übereinstimmt. Weiters nannte ich noch Giacinto Facchetti, den Capitano der Squadra Azzurra, den er aber nicht kannte. Mir geht es so ähnlich wie meinem damaligen Religionslehrer und Kaplan. Wahrscheinlich haben die heutigen Jugendlichen auch Vorbilder. Aber wir können mit diesen Namen nichts anfangen. Man kann sie allerdings googeln und wundert sich dann sehr. Das Vorbild ist ein merkwürdiges Phänomen und vor allem bei Jugendlichen verbreitet. Als Erwachsener – so lernte ich einmal in einem pädagogischen Seminar – hätte man keines mehr, weil man ja bereits fertig sei und die satte Selbstzufriedenheit Vorbilder verhindere. Insofern bin ich immer noch ein bisschen jugendlich, weil ich jetzt wieder eines habe: Ambrose Bierce.

Vorurteil (Subst.), das – » streunende Meinung ohne erkennbaren Lebensunterhalt« – so sagte A. B.; ich möchte ihn hier ein bisschen korrigieren. Was heißt hier »ohne erkennbaren Lebensunterhalt«? Stimmt nicht. Vorurteile sind von unschätzbarem Nutzen. Ohne sie wäre gar nichts. Keine Meinungen, keine politischen Einstellungen, keine Gegnerschaft gegen andere Leute, Amerikaner, Deutsche z. B.; es gäbe auch keine Wissenschaft, denn gerade sie lebt davon, alt gewordene Vorurteile durch neue zu ersetzen, die aber alsbald durch die allerneuesten ersetzt werden. Also: Nichts gegen ein Vorurteil. »Ich liebe dich!« Dass das ein Vorurteil ist, merkt man in einigen Jahren, hat aber den ungemeinen Nutzen, dass dann der Nachwuchs schon da ist.

Die Pädagogik ist eine große Vorurteilsbekämpfungsmaschine. Sie verwandelt ständig alte Vorurteile in neue. Genannt wird das allerdings »Reform«. Pädagogen reformieren, bringen dabei aber niemals die aus der Form gelaufene Angelegenheit in die alte zurück, was man dann den Fortschritt nennt.

zeigen (Verb.) – auf etwas hinweisen, von dem man meint, ein anderer sollte das auch bemerken. »An und für sich« (Hegel) ein einfacher Vorgang, bei dem man eigentlich nur einen Zeigefinger braucht. Sehr hilfreich beim Zeigen ist allerdings der Zeigestab. Der zeigt deutlicher. Schon allein deshalb, weil man ihn auch anders verwenden könnte. Der Zeigestab wird heute allerdings abgelöst, und damit auch das ganze Zeigen, durch die sogenannte PowerPoint-Präsentation, bei der man allerdings nach ca. 10 Minuten in einen einstündigen Sekundenschlaf versinkt, was aber auch nicht der Sinn des Unternehmens sein kann.

Damit diejenigen, denen etwas gezeigt wird, die Angelegenheit (Sache) aber nicht bloß anglotzen, braucht es auch (→) erzählerische und (→) erklärende Momente im Zeigevorgang, die oftmals ausbleiben.

Zeugnis (Subst.), das –»Du sollst nicht falsches Zeugnis geben.« So heißt es im Buch der Bücher. Viele Menschen haben das nicht richtig verstanden und haben geglaubt, man dürfe über anderen nichts Falsches sagen, sondern nur das, was man wirklich von ihnen hält, was aber das Zusammenleben auch nicht sonderlich verbessert hat. Eigentlich aber war dieser Bibelspruch ein pädagogischer Imperativ an alle Lehrer, die richtigen Urteile über Schüler zu fällen: Du sollst keine Fünf geben, wenn der Schüler doch auch eine Drei verdiente, wenn er im Unterricht besser aufgepasst hätte. Man operiert hier sehr gerne mit dem sogenannten Pygmalion-Effekt, demnach die (→) Erwartungshaltung des Lehrers auch die entsprechende Leistung beim Schüler hervorriefe. Das Blöde daran ist, dass die Schüler das nicht wissen, den Pygmalion-Effekt nicht kennen und daher glauben, sie wären eh okay. Aus der Angst heraus, sie könnten vielleicht ein falsches Zeugnis abgeben, legen die Lehrer daher zumeist bewusst ein falsches ab.